Literatur-Kartei:

zu Hans-Georg Noacks Jugendbuch

Rolltreppe abwärts

Bea Herrmann,
Anneli Kinzel

Nach der neuesten Fassung der Rechtschreibregeln – gültig ab August 2006!

Verlag an der Ruhr

Impressum

Titel:	Literatur-Kartei: „Rolltreppe abwärts"
Autorinnen:	Bea Herrmann, Anneli Kinzel
Illustrationen:	Thomas Pietrzyk
Druck:	Druckerei Uwe Nolte, Iserlohn
Verlag:	Verlag an der Ruhr Postfach 10 22 51 45422 Mülheim an der Ruhr Tel.: 02 08/439 54 50 Fax: 02 08/439 54 39 E-Mail: info@verlagruhr.de www.verlagruhr.de
©	**Verlag an der Ruhr 1997** **ISBN 10:** 3-86072-282-4 (bis 12/2006) **ISBN 13:** 978-3-86072-282-4 (ab 2007)

Die Schreibweise der Texte folgt der neuesten Fassung der Rechtschreibregeln – gültig ab August 2006.

geeignet für die Klasse 6 7 8 9 10

„Rolltreppe abwärts" ist als Taschenbuch erschienen im Ravensburger Buchverlag, Bd. 8001.
Die Originalausgabe erschien im Signal-Verlag, Baden-Baden, die Rechte liegen beim Autor, Hans-Georg Noack.

Ein weiterer Beitrag zum Umweltschutz:

Das Papier, auf das dieser Titel gedruckt ist, hat ca. **50% Altpapieranteil,** *der Rest sind* **chlorfrei** *gebleichte Primärfasern.*

Alle Vervielfältigungsrechte außerhalb der durch die Gesetzgebung eng gesteckten Grenzen (z.B. für das Fotokopieren) liegen beim Verlag. Der Verlag untersagt ausdrücklich das Speichern und Zur-Verfügung-Stellen dieses Buches oder einzelner Teile davon im Intranet, Internet oder sonstigen elektronischen Medien. Kein Verleih.

Inhalt

Einführung — 4

Kapitel 1

AB 1:	Die erste Seite	5
AB 2:	Auf den Hund gekommen …	6
AB 3:	Ein Tag im Heim	7
AB 4:	Perspektivenwechsel	8
AB 5:	Unterschiedliche Ansichten	9
AB 6:	Rotbart und Hammel	10
AB 7:	Der Aufsatz	11

Kapitel 2

AB 8:	„… zwischen Nebel und Laub …"	12
AB 9:	Schlüsselkinder	13
AB 10:	Diebstahl oder Mundraub?	14
info 1:	Auf frischer Tat ertappt!	15
AB 11:	Ein Gesetz für Kinder und Jugendliche	16
info 2:	Von Drogen, Sucht und Räuschen	17
AB 12:	Viel Rau(s)ch um nichts	18
AB 13:	Liebes Tagebuch/Ein Lächeln	19
AB 14:	Auf einmal ist alles anders …	20
AB 15:	„Jetzt wärst du wirklich mal an der Reihe …"	21
AB 16:	Eine Kette von Zufällen?	22
AB 17:	Was für ein Pech!	23
AB 18:	Träume sind – Schäume???	24

Kapitel 3

AB 19:	Himmelhoch jauchzend – zu Tode betrübt	25
AB 20:	Freundschaft	26
AB 21:	Mutter und Herr Möller	27
AB 22:	Abgehauen	28

Kapitel 4

info 3:	Eine haarige Sache	29
AB 23:	Pudel – der Windhund	30
AB 24:	Aggressionen mit Folgen	31
AB 25:	Eine schwere Entscheidung?	32
AB 26:	Mut zu reden	33
AB 27:	Alles in Ordnung?	34
AB 28:	Jede Menge Fragen	35

Kapitel 5

AB 29:	Briefwechsel	36
AB 30:	Eine Meinung bilden	37
AB 31:	Ein schwieriger Fall	38
AB 32:	Steppenkopp	39
AB 33:	Vom Lesemuffel zum Bücherwurm	40

Kapitel 6

AB 34:	Strafen	41
AB 35:	5 Personen, 5 Meinungen …	42
AB 36:	… und deine Wertung	43

Kapitel 7

AB 37:	Der Boxeraufstand	44

Kapitel 8

AB 38:	Jochen und Axel	45
AB 39:	Der Besuch	46
AB 40:	Buhmänner	47
AB 41:	Ein Silbenrätsel	48

Kapitel 9

info 4:	Wer ist Pestalozzi?	49

Kapitel 10

AB 42:	Du kommst zu spät!	50
AB 43:	Die Dackelentführung	51

Kapitel 11

AB 44:	Die Flucht	52
AB 45:	Eine Fahrt durch die Nacht	53
AB 46:	Jochens Vater	54
AB 47:	„Ich bin dein Vater."	55

Kapitel 12

AB 48:	Heimkoller	56
AB 49:	Hilferufe	57
AB 50:	Warum ich hier bin!	58
AB 51:	Jochen will sich wehren	59
AB 52:	Ein richtiges Gefängnis	60
AB 53:	Noch ein Rätsel	61
AB 54:	Rolltreppe abwärts I	62
AB 55:	Rolltreppe abwärts II/Schweigen	63
AB 56:	Ende offen	64

Infoteil

info 5:	Gesch.: Jugendstrafe und Heimerziehung	65
info 6:	Gesetz für Jugendwohlfahrt	67
info 7:	Sozialgesetzbuch (SGB)	69
info 8:	Heimordnung von 1985	71
info 9:	Jugend-Gerichte	73
info 10:	Noch ein Aufstand …	74
info 11:	Kinder auf der Straße	75

Lösungen — 76
Literatur — 77

Einführung

aus: *Hans-Georg Noack: Rolltreppe abwärts*
© by Ravensburger Buchverlag 1997

(Anmerkung des Verlages: Das TB hat inzwischen eine neue Umschlaggestaltung. Der Inhalt ist aber unverändert geblieben.)

Hans-Georg Noacks Roman stammt aus dem Jahr 1971. Trotzdem hat er nichts von seiner Aktualität verloren.

Der 13-jährige Jochen lässt in einem Kaufhaus drei Bonbons mitgehen. Damit fängt alles an ... Es folgen weitere Kaufhausdiebstähle. Irgendwann wird Jochen erwischt. Als man ihm nach einer Prügelei schwere Körperverletzung vorwirft, schaltet sich das Jugendamt ein. Nach einem weiteren Zwischenfall rät man der Mutter, Freiwillige Erziehungshilfe zu beantragen. Die Eltern sind geschieden. Mit dem neuen Freund der Mutter versteht der Junge sich nicht. Jochen kommt in ein Heim, er läuft von dort fort, die Treppe rollt weiter abwärts ...

Auch wenn ein Junge sich heute wohl nicht mehr als Lumpen, sondern eher als „loser" bezeichnen würde und auch wenn man heute ohne weiteres keinen Pullover mehr für ein paar Euro bekommt: Die Geschichte von Einsamkeit und Versagen, Zufall und Schicksal ist zeitlos. Hans-Georg Noack schildert Jochens Geschichte in einfühlsamer Sprache, ohne Partei zu ergreifen und ohne moralischen Zeigefinger. Für ihn ist Jochens Rutschfahrt in die Kriminalität ein komplexer Teufelskreis, in dem Täter zu Opfern werden und umgekehrt.

Die Kartei besteht aus zwei Teilen. Der erste, umfassendere Teil beinhaltet Arbeitsblätter, die sich direkt auf das Buch beziehen. Dabei wurden aus jedem Kapitel einige inhaltliche Schwerpunkte und interessante Aspekte aufgegriffen und verarbeitet. Neben Aufgaben zur Textsicherung, zu Wortschatz und Stil finden sich auch Aufträge, die über die rein inhaltliche Arbeit hinausgehen, wie Schreibanlässe, Rollenspiele, Rechercheaufgaben u.v.m. Die Reihenfolge der Arbeitsblätter entspricht weitestgehend der Chronologie der Handlung des Romans. Natürlich ist diese Anordnung nicht zwingend. Die Arbeitsblätter können im Rahmen einer Unterrichtseinheit zu dem Buch oder neben anderen Materialien für die Freiarbeit angeboten werden.

Der zweite Teil beinhaltet weitergehende Informationen zum Schwerpunktthema des Buches. Unter anderem finden sich dort Gesetzestexte, eine Heimordnung, ein Textauszug aus „Oliver Twist" u.v.m. Dieser Info-Teil versteht sich als weiterführendes Angebot; die Textblätter können als Einleitung zu bestimmten Themen dienen, als Zusatzinformation für die SchülerInnen und Anregung für die eigene Auseinandersetzung mit dem Thema über das Buch hinaus. Vereinzelt befinden sich die Informationsseiten schon im ersten Teil der Kartei. Die Arbeitsaufträge können teilweise allein und teilweise von mehreren SchülerInnen zusammen bearbeitet werden. Das folgende Logo zeigt an, ob es sich bei der Aufgabe um

 Einzel-,    Partner- oder    Gruppenarbeit handelt.

Die Seitenangaben in der Kartei beziehen sich auf die seit 1997 im Ravensburger Buchverlag erschienenen Ausgaben von „Rolltreppe abwärts". Für den Fall, dass Sie noch mit der alten Ausgabe arbeiten, wurden die entsprechenden Seitenangaben jeweils in Klammern dahinter gesetzt.

Die erste Seite

Die erste Seite in einem Roman oder einer Erzählung ist tatsächlich auch eine der wichtigsten. Denn sie entscheidet meist darüber, ob der Leser oder die Leserin das Buch womöglich überhaupt erst kaufen oder ausleihen und es vor allen Dingen später dann auch weiterlesen wird. Auf der ersten Seite wird die Atmosphäre für die Handlung geschaffen, man lernt wahrscheinlich eine oder mehrere der wichtigen Figuren kennen, die Neugier auf das nachfolgende Geschehen wird geweckt usw. Es lohnt sich also, einmal einen genaueren Blick auf die erste Seite zu werfen.

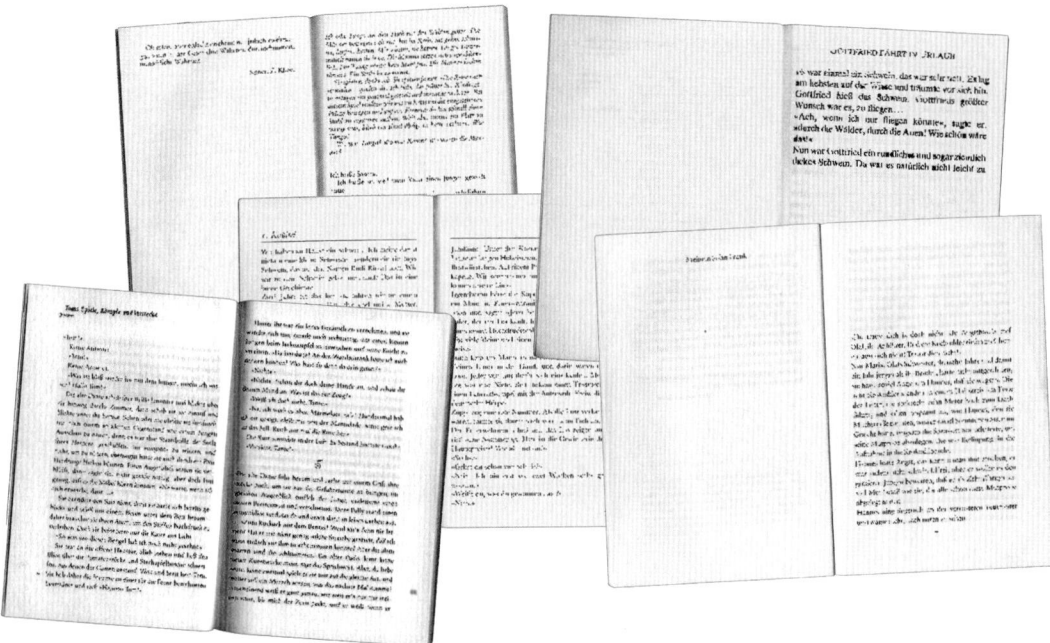

- Wen lernst du auf der ersten Seite kennen? Welcher erste Eindruck wird dir hier von der Hauptperson vermittelt?

- Welche Grundstimmung weckt die erste Seite für den Fortgang der Handlung?

- Jochen ist abergläubisch. Er wertet die Anzahl der Papierfetzen auf seinem Weg als Omen für seine Zukunft. Hast du schon solche Wetten mit dir selbst abgeschlossen oder andere Dinge (schwarze Katzen, Schornsteinfeger, Leitern etc.) als Omen angesehen?
Kennst du den Begriff der „sich selbst erfüllenden Prophezeiung" und inwiefern könnte er auf Jochen zutreffen?

- Gleich mehrmals benutzt der Autor auf der ersten Seite Farben zur Beschreibung der Situation. Du kannst versuchen, genau mit diesen Farben die Szene zu malen.

- Vielleicht riskierst du, bevor du weiterliest, an dieser Stelle schon einmal einen Blick in die Zukunft. Wie würdest du Jochens Geschichte in Stichworten weiterschreiben?

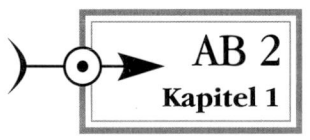

Auf den Hund gekommen ...

Jochens Gruppenerzieher, Herr Hamel, gibt seinen Schützlingen Hundenamen. Die Jungen sind davon nicht gerade begeistert, denn der Hund gilt zwar als des Menschen bester Freund, aber wenn man einen Menschen als Hund bezeichnet, dann ist das eine Beschimpfung.

... bekannt wie ein bunter Hund ...

... vor die Hunde gehen ...

... damit lockt man keinen Hund hinterm Ofen vor ...

Der Begriff „Hund" taucht in vielen Sprichwörtern und Redensarten auf. Drei davon sind hier schon vorgegeben, du findest aber sicher noch mehr ...

_____
_____
_____
_____
_____

Ein Tag im Heim

AB 3 Kapitel 1

Damit das Zusammenleben der Jungen im Heim funktioniert, gibt es bestimmte Regeln, an die sich alle halten müssen. Auch die Einteilung des Tages ist weitgehend vorgegeben.

Hier kannst du aufschreiben, wie Jochens Tagesablauf aussieht und daneben, womit du zu den entsprechenden Tageszeiten beschäftigt bist.

Tageszeit	Wie Jochens Tag verläuft	Wie mein Tag verläuft
morgens		
vormittags		
mittags		
nachmittags		
abends		

Vergleiche deinen Alltag mit dem von Jochen. Worin unterscheiden sie sich? Findest du die Regeln in dem Heim zu starr? Wie ist es bei dir? Musst du dich nicht auch an bestimmte Vorgaben halten, z.B. zu einer bestimmten Zeit aufstehen und zu Bett gehen, zu einer bestimmten Zeit zu Hause sein usw.?
Siehe hierzu auch Seite 71f.: „Die Heimordnung von 1985".

AB 4 Kapitel 1 — Perspektivenwechsel

Auf Seite 13 (9) fällt dir sicherlich eine Veränderung in der Erzählweise auf. Bis dahin wurden die Ereignisse aus der Sicht von Jochen geschildert. Dann wechselt auf einmal die Blickrichtung und die Situation wird jetzt aus der Perspektive von Herrn Hamel beschrieben.

Welche unterschiedlichen Perspektiven lernst du im Verlauf der Handlung kennen?
Tritt irgendwann auch einmal ein auktorialer Erzähler aus der Situation heraus?

Personale Erzählsituation

Der Verlauf einer Handlung wird aus der Sicht von Romanfiguren geschildert. Die Anwesenheit eines Erzählers ist für die LeserInnen nicht mehr spürbar. So wird das Gefühl der unmittelbaren Teilnahme geweckt.

Auktoriale Erzählsituation

Es gibt einen allwissenden Erzähler. Er kennt die Gefühle und Gedanken der Romanfiguren und kommentiert das Geschehen.

Ich-Erzähler

In der ersten Person beschreibt eine ganz bestimmte Romanfigur den Verlauf der Handlung. Selten findet man nur eine einzige Erzählperspektive, häufig sind Mischformen anzutreffen. Eine personale Erzählsituation wirft zum Beispiel die Frage auf, ob sie überhaupt konsequent durchgehalten werden kann, ohne dass die Existenz eines Erzählers den LeserInnen bewusst wird.

AB 5
Kapitel 1

☐ ☐ ☐

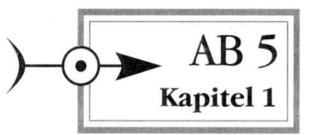

Unterschiedliche Ansichten

Suche dir unten eine der Personen aus, die in enger Beziehung zu Jochen stehen. Versuche, ihre jeweiligen Erfahrungen und Erlebnisse mit Jochen ganz aus ihrer Sicht zu beschreiben, ohne dass du die Ich-Form verwendest und ohne dass du deine eigenen Kommentare dazu abgibst.

Elvira

Herr Katz

Mutter

Herr Hamel

Vater

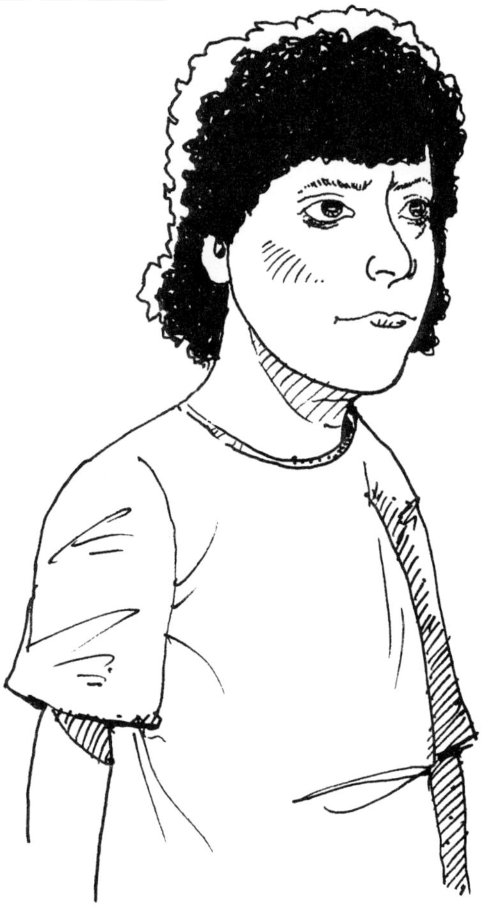

Kaiser Rotbart

Klaus (Terrier)

Schwester Maria

Herr Möller

Axel

Sven (Dackel)

Reinhard (Pudel)

Tauscht eure Schilderungen untereinander aus.
Ist es euch gelungen, eine personale Erzählsituation zu schaffen?
Versucht einmal eine Ich-Erzählung aus der Sicht von Jochen.
Beschreibt so ein kurzes Ereignis aus dem Buch.

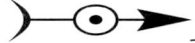

AB 6 — Kapitel 1

Rotbart und Hammel

Rotbart

Hammel

	Rotbart	Hammel
1.	Ja, also, ich meine, du solltest den Aufsatz doch lieber schreiben. – S. 42 (28)	Und wenn ich dann nicht zufrieden bin, schreibst du in der übernächsten Woche wieder einen und in der Woche danach auch, und so geht es immer weiter, bis ich an deinem Aufsatz merken kann, dass du allmählich begriffen hast, warum du wirklich hier bist. – S. 72f. (47f.)
2.	Erstens ist es manchmal ganz gut, wenn man nachdenkt, zweitens ist es nicht gut, wenn du dich gleich am Anfang mit deinem Erzieher anlegst, und drittens hast du ohnehin nichts Besseres zu tun, nehme ich an. – S. 42 (28)	Morgen brauchst du ja noch nicht zur Schule gehen, da hast du genug Zeit zum Nachdenken. – S. 19 (13)
3.	Ich weiß wirklich nicht, wie ich dich dazu zwingen sollte. – S. 42 (28)	Und jetzt will ich endlich von dir wissen, warum du wirklich hier bist! – S. 19 (13)
4.	Du kannst es dir ja noch einmal überlegen. – S. 42 (28)	Ich nenne das dickköpfig, Boxer. – S. 72 (47)
5.	Ist das nicht ein bisschen wenig, Jochen? – S. 43 (28)	Aber mir kannst du nichts vormachen, mein Lieber! – S. 18 (12)
6.	Weißt du, ich habe mir inzwischen deine Akte angesehen, und da steht eigentlich doch noch ein bisschen mehr drin. – S. 43 (28)	Ich weiß, was du alles angestellt hast, und ein kluger junger Mann, der es bis zur neunten Klasse Hauptschule gebracht hat, muss ja wohl ein gutes Gedächtnis haben und es auch wissen. – S. 18 (12)
7.	Meinst du nicht auch, dass ein kleines bisschen von der Schuld auch bei dir selbst liegt? – S. 43 (28)	Wir können nichts aus dir machen, solange du deine Fehler nicht einsiehst. – S. 72 (47)
8.	Aber dass einzig und allein deine Mutter schuld daran sein soll, dass du jetzt hier bist, das sehe ich nicht ein. – S. 44 (29)	Deine Mutter soll also schuld daran sein, dass du hier bist. – S. 18 (12)
9.	Findest du nicht, man sollte auch zu dem stehen, was man getan hat? – S. 44 (29)	Ich kann es nicht leiden, wenn einer nicht zu dem steht, was er angestellt hat, und anderen die Schuld in die Schuhe schieben will. – S. 18 (12)
10.	Willst du mir nicht etwas von ihm erzählen? – S. 44 (29)	Und nun raus! – S. 19 (13)

Jochen führt sowohl mit seinem Erzieher Herrn Hamel, genannt Hammel, als auch mit dem Praktikanten Fred Winkelmann, genannt Kaiser Rotbart, eine Unterhaltung über die Gründe für seinen Aufenthalt im Heim.

In der Tabelle oben findet ihr eine Gegenüberstellung von Äußerungen Hammels und Rotbarts. Ihr könnt nun die Gespräche als kleine Rollenspiele nachstellen. Tauscht hinterher die unterschiedlichen Empfindungen aus, die die DarstellerIn des Jochen bei dem jeweiligen Gesprächspartner hatte. Diskutiert die Gründe dafür.

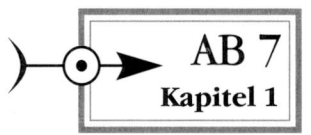

Der Aufsatz

Herr Hamel ist mit Jochens Sicht der Dinge nicht einverstanden. Weil er keine Lust hat, sich mit Jochen auf langwierige Diskussionen einzulassen, und ihn für verstockt hält, gibt er ihm einen Aufsatz mit der Überschrift „Warum ich hier bin" auf. Herr Hamel erwartet, dass Jochen schriftlich das äußert, was er von ihm hören will.
Auf Seite 43f. (28f.) kannst du das Ergebnis nachlesen.
Jochen hätte vielleicht auf diesem Wege versuchen können, Herrn Hamel seinen Standpunkt zu erklären.

Hier kannst du Jochens Versäumnis nachholen und deine Version des Aufsatzes aufschreiben.

Warum ich hier bin ...

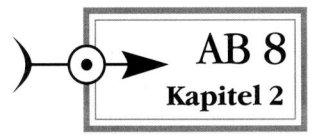
AB 8 Kapitel 2

„... zwischen Nebel und Laub ..."

Jochen irrt an einem nebligen Novembertag durch die Stadt. Lies noch einmal das Kapitel bis einschließlich Seite 33 (21). Unterstreiche Sätze und Wörter, die die Großstadtatmosphäre an diesem düsteren Nachmittag gut beschreiben.
Vergleiche dein Ergebnis mit anderen aus deiner Gruppe.
Welche Ausdrücke vermitteln Ungemütlichkeit und Unwohlsein?
Welche Ausdrücke vermitteln Wohlsein und Gemütlichkeit?

Literatur-Kartei: Rolltreppe abwärts

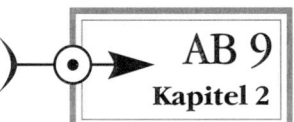

Schlüsselkinder

„Als ich noch zur Grundschule ging, arbeitete meine Mutter in einer Zahnarztpraxis. Sie war mittags mit der Arbeit fertig, dann nahm sie mich mit nach Hause. Das war in einer anderen Stadt und meine Eltern wollten nicht, dass ich mit dem Bus fuhr. Also musste ich immer auf meine Mutter warten. Manchmal holte ich sie von der Arbeit ab, manchmal durfte ich aber noch mit zu meiner Freundin gehen. Das war toll, weil sie eine lustige Familie hatte und es immer etwas Leckeres zu Mittag gab. Zum Nachtisch konnten wir oft Wackelpudding essen, so viel wir wollten, bis meine Mutter kam und mich mit nach Hause nahm."

„Als meine Mutter starb, wusste mein Vater zuerst nicht, was er mit mir anfangen sollte. Schließlich ging er weiter arbeiten. Ich bekam den Schlüssel zu unserer Wohnung um den Hals gehängt und war nachmittags allein zu Hause. Manchmal kochte eine Nachbarin für mich mit, manchmal gab mir mein Vater Geld, damit ich mir nach der Schule was zu essen holen konnte. Ich durfte nicht oft raus und durfte nie jemanden mit nach Hause bringen, weil mein Vater Angst hatte, dass ich Dummheiten machte. Die Nachmittage waren deshalb meistens furchtbar öde und wenn mein Vater abends nach Hause kam, war er zu müde, um noch mit mir rumzualbern oder zu erzählen."

„Nachmittags war ich immer alleine zu Hause. Das war schön, denn niemand sagte mir, was ich tun und lassen sollte. Ich hab viel ferngesehen und oft kamen meine Freunde zu Besuch. Da haben wir manchmal die Bude ganz schön auf den Kopf gestellt. Meine Mutter hat oft geschimpft, wenn sie nach Hause kam und das Chaos sah, aber genutzt hat's nichts. Wenn mir langweilig war, bin ich rausgegangen und rumgestromert. Und es war keiner da, der mir sagte: Dann und dann bist du wieder zu Hause. Das war eine schöne Zeit."

Drei Kinder, drei Schicksale. Vergleiche sie miteinander. Worin unterscheiden sich die Situationen? Wie gehen die Kinder damit um?

Habt ihr auch Schlüsselkinder in der Gruppe? Was sind die Vorteile, was die Nachteile? Redet über eure Erfahrungen.

Diebstahl oder Mundraub?

 **1.**

„Der Grundtatbestand des § 242 des Strafgesetzbuches stellt unter Strafe die Wegnahme einer fremden beweglichen Sache, die in der Absicht rechtswidriger Zueignung vorgenommen worden ist." (aus dem Strafgesetzbuch)

Versuche, das Gesetz mit eigenen Worten wiederzugeben. Die folgenden Erklärungen helfen dir dabei.

Sachen sind alle körperlichen Dinge. Diese sind **beweglich**, wenn man sie fortschaffen kann. **Fremd** bedeutet, dass sie jemand anderem gehören. **Zueignung** bedeutet, sich an die Stelle des rechtmäßigen Eigentümers zu setzen. Eine Zueignung ist dann **rechtswidrig**, wenn der Täter keinen Anspruch darauf hat.

 **2.**

Jochen ist hungrig und hat kein Geld, sich etwas zu essen zu kaufen. Für seinen Pfennig nimmt er sich drei Bonbons. Drei Bonbons von mindestens 10 000, dagegen lässt sich wohl kaum etwas sagen, denkt Jochen. „Es ist sowieso nur Mundraub."

Unter Mundraub versteht man den Diebstahl von „hauswirtschaftlichen Verbrauchsgütern", vor allem von Lebensmitteln. Wenn der Wert der Waren gering ist, wird der Schuldige heute nur noch auf besonderen Antrag bestraft. Was sehen Richter heute als gering an? Zum Beispiel ein Huhn für 3 Euro oder eine Tafel Schokolade für 50 Cent.

Diebstahl? Mundraub? Verzweiflungstat? Alternativen? Redet darüber in der Gruppe. Was hättet ihr in Jochens Situation unternommen, um etwas in den Magen zu bekommen?

Auf frischer Tat ertappt!

Zusammen mit Verkehrsdelikten gehört der Diebstahl heute zu den „alltäglichen" Straftaten. 1995 waren rund 58 Prozent – das heißt mehr als die Hälfte – aller bestraften kriminellen Handlungen in Deutschland Diebstähle. Allein der Versuch, etwas zu stehlen, gilt bei uns als Diebstahl, der angezeigt werden kann.

Ladendiebstahl (Diebstahl von ausgelegten Waren durch Kunden während der Geschäftszeiten) ist besonders „beliebt". 1995 wurden 602 452 Ladendiebstähle bei der Polizei bekannt. Die Dunkelziffer, d.h. die wirkliche Anzahl, ist aber viel höher. Zum einen, weil viele Diebstähle nicht entdeckt werden, zum anderen, weil nur ein Teil der Täter überhaupt angezeigt wird. Denn wenn ein Dieb auf frischer Tat ertappt wird, bekommt der Eigentümer das Diebesgut zurück und hat somit auch keinen Schaden zu melden.

Unter Kindern und Jugendlichen ist der Ladendiebstahl die am häufigsten begangene Straftat. Ungefähr 12,3 Prozent aller 1995 verurteilten Ladendiebe war noch keine 14 Jahre alt. Rund 62 Prozent aller gefassten Ladendiebe waren Jungen oder Männer. Üblicherweise werden Mädchen wesentlich seltener für kriminelle Handlungen verantwortlich gemacht als Jungen. Doch bei Ladendiebstählen sind sie überdurchschnittlich häufig vertreten. Meistens werden 14- bis 18-jährige Jugendliche erwischt. Das liegt vielleicht daran, dass sie häufiger stehlen als Erwachsene, vielleicht aber auch wesentlich ungeschickter vorgehen als Ältere und sich schlechter verteidigen können.

Meistens verschwinden Waren im Wert bis zu 15 Euro. Nur vereinzelt werden Sachen gestohlen, die über 500 Euro kosten. Ladendiebe klauen am liebsten Kleidung, Lebens- und Genussmittel, Schreib- und Spielwaren sowie Kosmetikartikel, Schallplatten oder CDs.

In der Regel sind Ladendiebe Gelegenheitstäter. Manche stehlen, weil sie Hunger haben oder in finanzieller Not sind, andere greifen zu, weil sie Luxusgüter haben wollen, die sie sich eigentlich nicht leisten können. Wieder andere werden zu Dieben, um sich selbst zu bestätigen oder anderen ihren Mut zu beweisen. Ladendiebe gibt es in allen Bevölkerungsschichten. Gelegenheit macht Diebe – gerade die Anonymität eines Kaufhauses begünstigt den Entschluss, zuzugreifen, ohne zu bezahlen. „Das Zeug gehört sowieso keinem richtig" – dieses Bewusstsein erleichtert die Tat. Das als gering eingeschätzte Risiko, entdeckt zu werden, senkt zusätzlich die Hemmschwelle.

information

Von Drogen, Sucht und Räuschen

Sucht

(nach einer Definition der Weltgesundheitsorganisation)
Das Verlangen, eine Droge ständig weiter zu nehmen, die Dosis zu steigern, die physische und psychische Abhängigkeit und die Gefährdung des Individuums und der Gesellschaft durch dauernde Einnahme.

Alkohol

Alkohol gerät über Magen und Dünndarm in die Blutbahn. Je mehr Alkohol getrunken wird, desto höher wird auch die im Blut befindliche Alkoholmenge. Alkohol benebelt die Sinne. Bei einem leichten Rausch werden wir in der Regel enthemmt und gut gelaunt, gleichzeitig nimmt unsere Reaktionsfähigkeit ab. Trinken wir mehr, werden wir oft aggressiv. Unser Verhalten wird widersprüchlich, sprunghaft und unsicher. Bei einem starken Rausch setzen schwere Bewusstseins- und Orientierungsstörungen ein.

Alkohol macht süchtig. Regelmäßiger und übermäßiger Genuß kann zu seelischer und körperlicher Abhängigkeit führen. Manche Alkoholiker werden schwer krank, für andere beginnt der soziale Abstieg bis hin zur Arbeitslosigkeit oder Obdachlosigkeit. Alkoholiker verlieren meist das Interesse an sich selbst und ihrer Umgebung. Darunter leiden ihre Beziehungen zu anderen Menschen und ihr gesamtes soziales Verhalten.

Alkohol ist zusammen mit Tabak die am weitesten verbreitete Droge der Welt. Deutschland zählt zu den Ländern, in denen der meiste

Alkohol getrunken wird. Immer öfter werden betrunkene Kinder und Jugendliche aufgegriffen (nach einer Repräsentativumfrage der Bundeszentrale für gesundheitliche Aufklärung). Anfang der 90er Jahre schätzte die Deutsche Hauptstelle gegen Suchtgefahren die Zahl der alkoholkranken oder stark gefährdeten Kinder und Jugendlichen auf 500 000, das sind „acht Prozent aller Deutschen zwischen 12 und 21 Jahren". Dabei ist Alkohol für Kinder bis 16 Jahren verboten. Nur wer schon 14 Jahre alt und in Begleitung seiner Eltern ist, darf Bier, Wein, Obstwein, Most oder Sekt trinken – wenn die Eltern es genehmigen. Branntweine wie Likör oder Schnaps sind dagegen erst ab 18 erlaubt.

Tabak

Schon die Indios in Zentralamerika rauchten in Maisblätter gerollten Tabak. Heute ist eine Zigarette feingeschnittener Tabak in Papier. Zigaretten gehören wie Alkohol zu den legalen Dogen. Das heißt, sie werden vom Gesetz und einem großen Teil der Bevölkerung toleriert und von vielen Menschen nicht als Suchtmittel erkannt. Rauchen ist gesundheitsschädlich. Im schlimmsten Fall drohen Krebs, Amputationen, Herzinfarkt oder Schlaganfall. Auch Passivraucher sind gefährdet. Schätzungsweise

ein Zehntel aller Raucher in Deutschland sind Kinder und Jugendliche. Die meisten beginnen zu rauchen, bevor sie 18 Jahre alt sind. Je früher zur Zigarette gegriffen wird, desto größer ist die Gefahr, zum Gewohnheitsraucher zu werden. Wer raucht, bemerkt vor allem die Wirkung des Nikotins: In kleinen Mengen wirkt es anregend, bei großen Mengen entspannend. Leider kein Genuss ohne Nebenwirkungen: Kreislaufstörungen, Schwäche und Schweißausbrüche, trockener Mund, Übelkeit, Schwindel, Kopfschmerzen oder Reizungen der Atemwege. Offiziell dürfen Kinder und Jugendliche unter 16 Jahren in der Öffentlichkeit nicht rauchen. Andererseits gibt es keine Vorschrift, die Abgabe und Verkauf von Tabak an Kinder unter 16 Jahren verbietet. Eltern dürfen ihrem Kind das Rauchen verbieten.

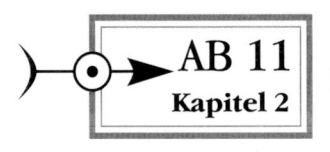

Ein Gesetz für Kinder und Jugendliche

Während Jochen und Axel in einer Kneipe zusammen ein Bier trinken, fällt Jochen an der Wand ein Schild mit der Überschrift „Jugendschutzgesetz" auf. Wer soll damit eigentlich wovor geschützt werden?

Das Jugendschutzgesetz …

… schützt Kinder und Jugendliche vor Erwachsenen.

… schützt Erwachsene vor Kindern und Jugendlichen.

… will Kinder und Jugendliche davor schützen, etwas zu tun, was nicht gut für sie ist.

Wofür ist das Jugendschutzgesetz eigentlich gut? Findet es heraus.
In Gaststätten hängen Tafeln, auf denen ein Auszug aus dem Gesetzestext zu lesen ist.
In der Bibliothek findet ihr vielleicht auch Bücher zum Thema.

_____
_____
_____
_____
_____
_____
_____

AB 12
Kapitel 2

Viel Rau(s)ch um nichts

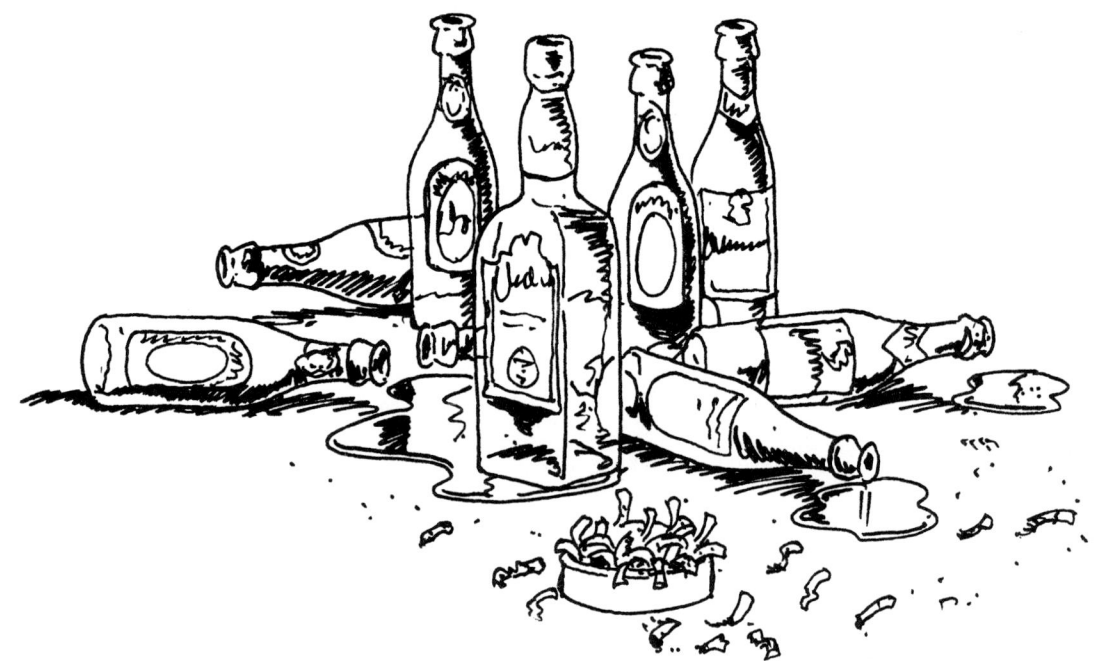

Ein paar Gründe, warum Menschen trinken oder rauchen …:

- *Nachahmung*
- *angeben*
- *kein Spielverderber sein*
- *um Angstzustände (Prüfung) zu verdrängen*
- *weil das dazugehört (Feste)*

EPG Kannst du dir noch andere Gründe vorstellen? Schreibe sie dazu.

AB 13
Kapitel 2

Liebes Tagebuch

Der Schlüssel, die Bonbons, die Bekanntschaft mit Axel, die ersten Zigaretten, die Kneipe … was für ein Tag! Am Abend schreibt Jochen in sein Tagebuch …

Liebes Tagebuch!

Hier hast du Gelegenheit, anstelle von Jochen die Ereignisse des Tages zu schildern.

Ein Lächeln

Man fröstelt leicht, wenn man nie von einem Lächeln erwärmt wird.
– S. 36 (23)

Was könnte der Autor wohl mit diesem Satz gemeint haben? Versuche, ihn mit deinen Worten zu erklären.

_____
_____
_____
_____
_____

Literatur-Kartei: Rolltreppe abwärts

Auf einmal ist alles anders …

Die Scheidung der Eltern ist ein schwerwiegender Einschnitt im Leben eines Kindes. Auseinandersetzungen – stille und laute, die Tränen, dann der Entschluss zur Trennung, das Tauziehen um die Kinder, um die Wohnung, ums Geld … Plötzlich ist das Leben ganz anders. Manchmal wird der Alltag in einigen Dingen vielleicht leichter, fast immer aber werden Schmerz und Trauer mit der Trennung der Familie verknüpft sein. Vielleicht tritt ein neuer Partner oder eine neue Partnerin in das Leben der Eltern. Mit diesen „neuen" Vätern oder Müttern tauchen häufig auch neue Probleme auf, mit denen sich das Kind zusätzlich auseinander setzen muss.

Wie viele Kinder in eurer Klasse sind Scheidungskinder? Wie viele davon leben mit ihrer Mutter/ihrem Vater alleine? Können die Kinder aus „heilen" Familien sich vorstellen, wie es wäre, wenn sich ihre Eltern scheiden ließen?
Redet über eure Erfahrungen, Ängste und Probleme, aber auch über eventuelle Vorteile der neuen Situation.

AB 15 Kapitel 2

„Jetzt wärst du wirklich mal an der Reihe ..."

Axel verlangt von Jochen, dass er nun auch mal an der Reihe wäre, für Zigaretten zu sorgen. Was geht Jochen wohl durch den Kopf? Schreibe und/oder male seine Gedanken auf.

Literatur-Kartei: *Rolltreppe abwärts*

AB 16 Kapitel 2

Eine Kette von Zufällen?

Das Kapitel beginnt mit einem verlorenen Schlüssel und endet mit Zigarettendiebstahl. Dazwischen liegt eine Kette von unglücklichen Zufällen und Entschlüssen.

Sortiere die Glieder der Kette in der richtigen Reihenfolge und vervollständige!

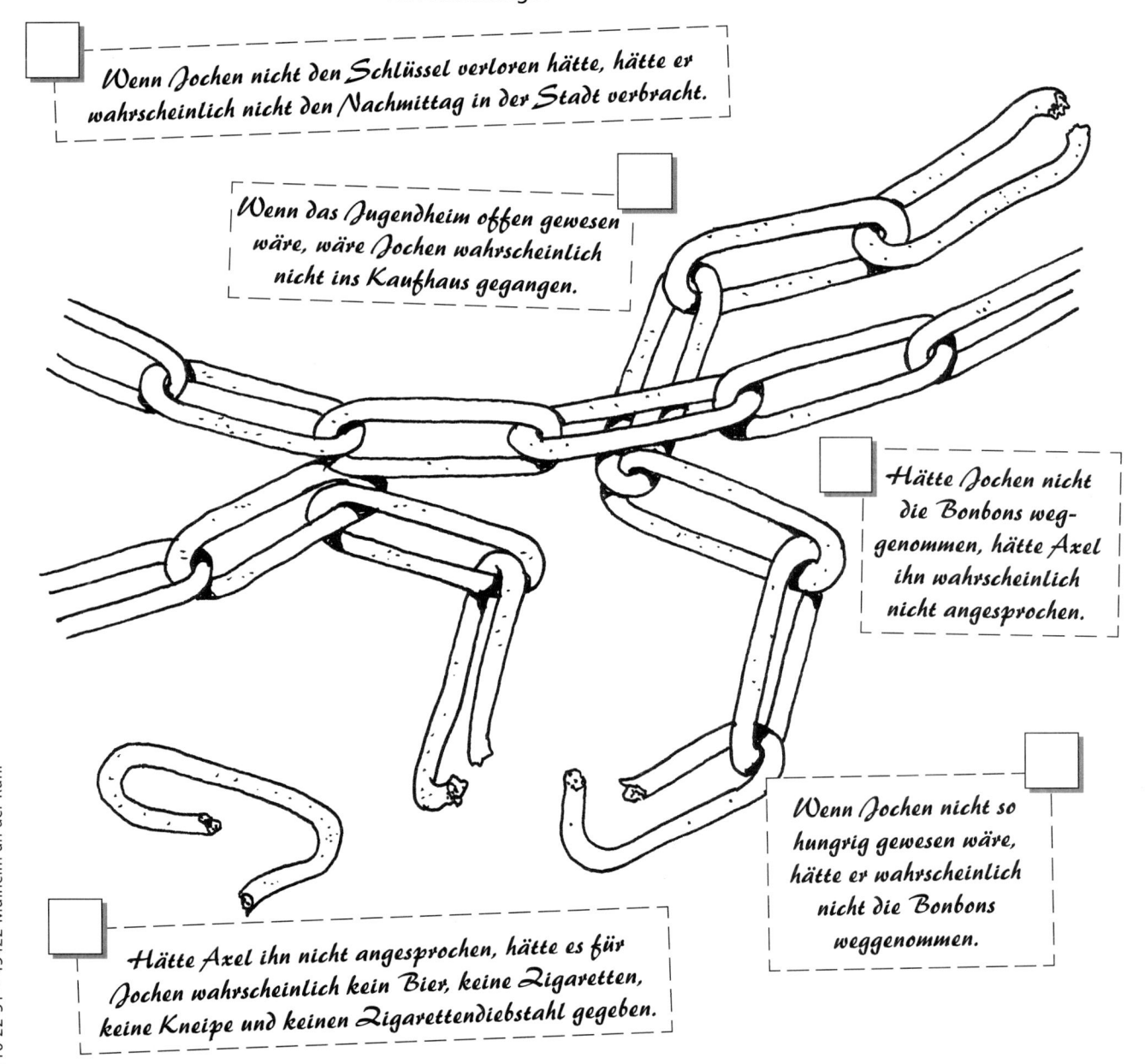

☐ *Wenn Jochen nicht den Schlüssel verloren hätte, hätte er wahrscheinlich nicht den Nachmittag in der Stadt verbracht.*

☐ *Wenn das Jugendheim offen gewesen wäre, wäre Jochen wahrscheinlich nicht ins Kaufhaus gegangen.*

☐ *Hätte Jochen nicht die Bonbons weggenommen, hätte Axel ihn wahrscheinlich nicht angesprochen.*

☐ *Hätte Axel ihn nicht angesprochen, hätte es für Jochen wahrscheinlich kein Bier, keine Zigaretten, keine Kneipe und keinen Zigarettendiebstahl gegeben.*

☐ *Wenn Jochen nicht so hungrig gewesen wäre, hätte er wahrscheinlich nicht die Bonbons weggenommen.*

Mit dem verlorenen Schlüssel verändert sich Jochens weiteres Leben ganz entscheidend, wie der Verlauf der Geschichte noch zeigen wird. Überlege, welche seiner Entscheidungen nicht gut für ihn sind und warum. Was hättest du wahrscheinlich genauso gemacht, wann hättest du dich vielleicht anders verhalten?

Literatur-Kartei: **Rolltreppe abwärts**

AB 17 Kapitel 2

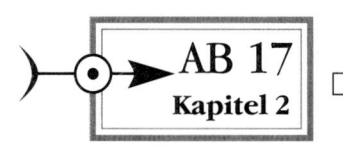

Was für ein Pech!

Die Schule ist aus, deine Eltern sind weg zum Großeinkauf und du stehst hungrig vor verschlossener Wohnungstür. Dein Schlüssel? Den musst du unterwegs verloren haben. Dummerweise hast du nur noch 50 Cent in der Tasche.

Was wirst du tun? Wie wird dein Tag verlaufen?

_____
_____
_____
_____
_____
_____
_____
_____
_____

Literatur-Kartei: *Rolltreppe abwärts*

AB 18 Kapitel 2

Träume sind – Schäume???

Du schläfst.

Dein bewusster Verstand und dein Willen haben ausgesetzt.

Trotzdem läuft etwas ab in deinem Kopf.

Du verarbeitest Erlebnisse, erinnerst dich an Dinge aus frühester Kindheit und verpackst Wünsche und Triebe auf symbolhafte Weise.

Raum und Zeit nehmen neue Formen an, Illusionen und Halluzinationen geistern durch deine Seele.

Du träumst …

Jochens Traum ist ein Albtraum, in dem er die Ereignisse des Tages verarbeitet. Es gibt aber auch Albträume, die regelmäßig wiederkommen und immer in einer ähnlichen Art und Weise ablaufen. Erinnere dich an deine (Alb-)Träume. Male hier einen dieser Träume auf.

Literatur-Kartei: Rolltreppe abwärts

AB 19 — Kapitel 3

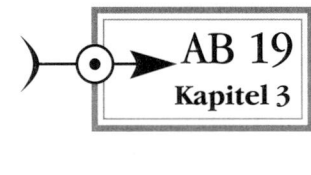

Himmelhoch jauchzend – zu Tode betrübt

Jochens erste Freundin ist Elvira. Jochen lernt sie in dem Kaufhaus kennen. Um ihr zu imponieren, klaut er sogar eine Halskette und ein Transistorradio für sie. Als er aber bei dem Diebstahl erwischt wird und dadurch große Probleme bekommt, wendet sich Elvira wieder von ihm ab. Sie behandelt ihn sogar von oben herab. Jochen erlebt also innerhalb kurzer Zeit nicht nur seine erste Liebe, sondern auch seinen ersten Liebeskummer.

Warst du auch schon einmal verliebt? Hast du vielleicht schon einmal Liebeskummer gehabt? Wie hast du dich gefühlt? Erging es dir dabei wie Jochen? Oder kannst du seine Reaktionen nicht verstehen? Wie hättest du an seiner Stelle reagiert?

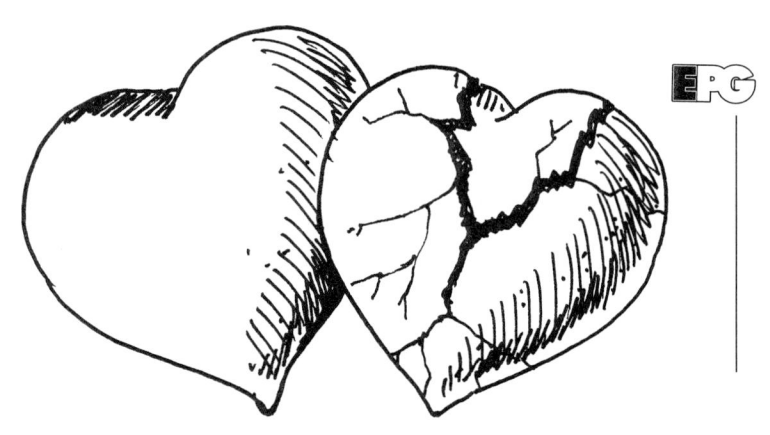

Würdest du die unten aufgeführten Begriffe eher dem Zustand der Verliebtheit oder dem des Liebeskummers zuordnen? Gibt es eventuell Überschneidungen? Wie erklärst du dir das? Wenn dir noch weitere Begriffe einfallen, kannst du sie natürlich dazu schreiben.

traurig	_____	träumen	_____
glücklich	_____	lachen	_____
Herzklopfen	_____	weinen	_____
Eifersucht	_____	Hoffnung	_____
Enttäuschung	_____	Scham	_____
Vertrauen	_____	Stolz	_____
Wärme	_____	Nähe	_____
Kälte	_____	Trennung	_____
Schlaflosigkeit	_____	weiche Knie	_____
Appetitlosigkeit	_____	rosarote Brille	_____

Literatur-Kartei: Rolltreppe abwärts

Freundschaft

AB 20 — Kapitel 3

Für Jochen war bei seiner Freundschaft zu Axel viel wichtiger als alles andere, dass er „sich nicht mehr allein fühlt". Jeder Mensch hat andere Erwartungen an eine Freundschaft. Wenn diese Erwartungen zu weit auseinander klaffen, kann es passieren, dass in einer Freundschaft ein großes Ungleichgewicht herrscht, wie es bei Axel und Jochen der Fall ist.

Mache mit dem Fragebogen unten eine Umfrage zum Thema Freundschaft in deiner Klasse oder deiner Schule. Du sollst den Fragebogen durch eigene Stichworte ergänzen.

Stichwort	sehr wichtig	wichtig	nicht so wichtig	unwichtig
1. Vertrauen				
2. Zuneigung				
3. Geschenke				
4. Ehrlichkeit				
5. Gegenleistungen				
6. Gemeinsamkeiten				
7.				
8.				
9.				
10.				
11.				
12.				

Baut die Ergebnisse eurer Umfrage in ein großes Wandplakat zum Thema Freundschaft ein, das ihr mit der ganzen Klasse gestalten könnt.

Ergänzt/illustriert es mit Zeitungsartikeln, Schilderungen aus anderen Büchern, Bildern.

Porträtiert euren besten Freund oder eure beste Freundin. Ihr könnt ihn oder sie beschreiben, zeichnen oder fotografieren.

Literatur-Kartei: Rolltreppe abwärts

AB 21 Kapitel 3

Mutter und Herr Möller

Jochens Beziehung zu seiner Mutter ist nicht einfach. Offenbar hängen die beiden aneinander, dennoch kommen sie nicht richtig miteinander klar. Noch schwieriger wird es, als die Mutter Herrn Möller kennen lernt.

Beschreibe die beiden und lasse dabei die jeweilige Beziehung zu Jochen nicht außer Acht. Versuche, deine Charakterisierungen anhand von Wörtern aus dem Text zu entwickeln. Zur Person der Mutter kannst du auf den Seiten 33–36 (22f.), 56f. (37) und 68f. (45) nachlesen, zu Herrn Möller schau auf den Seiten 35f. (23) und 68f. (45) nach.
Zum Schluss kannst du noch das Verhältnis der beiden zueinander beschreiben. Hast du den Eindruck, dass sie sich wirklich gern haben?

Mutter
_____
_____
_____
_____
_____

Herr Möller
_____
_____
_____
_____
_____

Mutter – Herr Möller
_____
_____
_____
_____

Literatur-Kartei: *Rolltreppe abwärts*

AB 22 — Kapitel 3

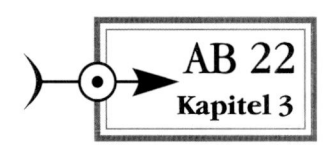

Abgehauen

In diesem Buch wird ziemlich viel abgehauen. Stell dir vor, du bist ein Privatdetektiv und sollst etwas über die Kinder herausbekommen, die in diesem Buch von zu Hause ausgerissen sind.

Um mit deiner Untersuchung zu beginnen, musst du zuerst ein wenig Recherche betreiben. Schlage dazu auf den folgenden Seiten nach: S. 59ff., S. 113ff., S. 190ff. (39ff., 74ff., 124ff.)

Lies sie aufmerksam durch und fertige von jedem Ausreißer einen Steckbrief an. Beantworte dabei vorrangig die Fragen:

Ausgerissen!!!

- Wer?
- Wann?
- Wie?
- Wohin?
- Warum?

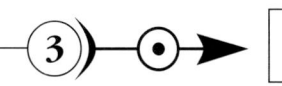

information

Eine haarige Sache

Zipp, zapp, Haare ab. Jochen ist fassungslos, als er sich im Spiegel anguckt. Tragen anständige Menschen kurze Haare?

Rein „biologisch" gesehen sind Menschenhaare nur fadenförmige Gebilde aus Hornsubstanz an der Außenhaut; „menschlich" gesehen sind Haare bei allen Völkern und zu allen Zeiten ein wichtiges Merkmal gewesen, das eine Menge über Schmuckbedürfnis, Selbstbewusstsein, manchmal auch über die soziale Stellung seines Trägers/seiner Trägerin aussagte.

Im antiken Griechenland schnitt man Sklaven die Haare ab, denn langes Haar galt als Geschenk der Götter an die freien Menschen.

Samson, der Löwenbezwinger, verlor mit seinen langen Haaren angeblich auch seine Körperkraft. Bei den Franken war der König nicht zu übersehen, denn er durfte als einziger lange Haare haben. Sonnenkönig Ludwig XIV. schmückte sich lieber mit einer gepuderten Perücke, die als Zeichen großer Gelehrsamkeit galt.

In den 30er Jahren des 20. Jahrhunderts ließen sich modebewusste und emanzipierte Frauen die Haare abschneiden, in den 60er und 70er Jahren waren lange Mähnen bei der Jugend Zeichen von Freiheit und Rebellion.

Haare schützen uns vor Kälte und Schadstoffen und sie sind mitbeteiligt an der Regulierung des Wasserhaushaltes der Haut. Haare haben aber auch etwas mit Schönheit und Anziehungskraft zu tun. Mit der Haartracht verändern wir schnell und einfach unsere äußere Erscheinung. Haare können wir flechten, zusammenstecken, färben, schneiden, kräuseln, rasieren oder ausreißen. Haare verändern sich mit unseren Hormonen, unserer Gesundheit und Lebensweise, dem Alter und sogar dem Wetter.

Wenn wir uns nicht wohlfühlen, werden unsere Haare schlaff und struppig, wenn wir uns wohlfühlen, geht's auch dem Haar „glänzend".

▸ Eine andere Frisur oder Haarfarbe kann das Aussehen eines Menschen stark verändern. Viele Leute wechseln ihre Frisur sehr häufig – aus einer Laune heraus, als Reaktion auf ein besonderes Erlebnis, als Versuch sich zu verschönern oder weil die Mode es so will. Wie hast du deine Haare bisher getragen? Aus welchen Gründen hast du deinen „Kopf" jeweils verändert? Wer traut sich, „Beweisfotos" mitzubringen? Was ist deine absolute Lieblingsfrisur? Erzählt von „haarigen" Vorbildern.

▸ Kleiner Eingriff – große Wirkung. Bei Haaren wird's häufig heikel. Schon viele sind „danach" heulend aus dem Friseursalon gerannt, während andere sich hinterher an ihrem Spiegelbild nicht mehr satt sehen konnten. Was war dein „haarigstes" Erlebnis? Auch Geschichten jenseits der Welt der Friseursalons sind erlaubt.

▸ Köpfe im Wandel der Zeiten. Geht in die Bibliothek und sucht nach Büchern, in denen ihr Informationen über Haartrachten findet. Fragt gegebenenfalls die MitarbeiterInnen, unter welchen Schlagwörtern oder in welchen Regalen ihr suchen müsst.

Literatur-Kartei: Rolltreppe abwärts

AB 23
Kapitel 4

Pudel – der Windhund

Die Jungen unterhalten sich darüber, warum sie ins Heim gekommen sind. Pudel gibt damit an, dass bei ihm schon ein bisschen mehr vorgefallen sei, als nur Schule schwänzen und Warenhausdiebstahl, während Jochen Krach mit seiner Mutter als Begründung angibt.

Zusammenhalten und immer die Taschen voll haben, immer auf Draht sein und sehen, wo was abgeht … Pudel ist stolz darauf, Mitglied einer „tollen" Bande gewesen zu sein. Er fühlt sich erwachsener und lebenserfahrener als die anderen, denn mit „Kinderkram" gibt er sich schon lange nicht mehr ab.

Wie findest du Pudels Haltung? Schreibe deine Meinung auf.

Ich kann Pudel verstehen, weil

_____
_____
_____
_____

Ich kann Pudel nicht verstehen, weil

_____
_____
_____
_____

Pudel sollte besser …

_____
_____
_____
_____

Ich finde es (nicht) gut, dass

_____
_____
_____
_____

Literatur-Kartei: *Rolltreppe abwärts*

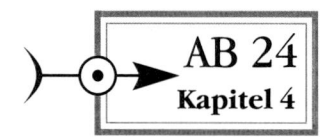

Aggressionen mit Folgen

AB 24 Kapitel 4

Wenn Menschen provoziert werden, reagieren manche von ihnen gelassen. Sie haben ein dickes Fell oder ein starkes Selbstbewusstsein. Andere geraten in Wut. Sie sehen „rot", werden jähzornig, unbeherrscht und aggressiv, im schlimmsten Fall gewalttätig. Jochen greift direkt zweimal hintereinander Menschen körperlich an. Er verletzt einen Jungen schwer mit einer Glasflasche, das nächste Mal zerreißt er Pullover und Kette von Elvira. Beide Male hat er reagiert – auf den Spott des Jungen und auf Elviras schnippische Antwort.

Überlegt, wie ihr an Jojos Stelle gehandelt hättet. Wie könnte Jochen noch reagieren? Gibt es andere Möglichkeiten sich zu wehren? Redet darüber in der Gruppe.

Polizeiliche Kriminalstatistik 1995:

Straftaten	Tatverdächtige insgesamt 100%	davon Kinder bis 14 Jahre männl.	weibl.	davon Jugendliche 14–18 Jahre männl.	weibl.
Mord und Totschlag	4 291	0,3	0,0	5,6	0,3
Vergewaltigung	4 628	0,6	0,0	7,3	0,1
Raub, räuberische Erpressung und räuberischer Angriff auf Kraftfahrer	37 897	5,7	0,7	26,3	2,7
Gefährliche und schwere Körperverletzung	102 615	3,1	0,7	15,0	2,8
(Vorsätzliche leichte) Körperverletzung	180 520	2,2	0,5	8,8	1,9
Diebstahl ohne erschwerende Umstände	664 437	7,8	3,4	12,2	5,7
Diebstahl unter erschwerenden Umständen	175 727	6,3	0,6	24,5	1,7
Betrug	3 309 311	0,4	0,2	4,0	1,5
Beleidigung	98 113	0,8	0,3	4,1	1,2
Sachbeschädigung	148 389	10,7	1,4	21,5	2,0
Straftaten gegen die Umwelt (StGB)	23 341	0,5	0,0	1,8	0,0
Rauschgiftdelikte (BtMG)	123 888	0,3	0,1	9,8	1,6

Wertet in eurer Tischgruppe die Daten der Kriminalstatistik aus. Fasst das Ergebnis so zusammen, dass ihr es den anderen aus eurer Klasse vortragen könnt, zum Beispiel:
„18 208 Jugendliche (17,8 %) und 3 860 Kinder (3,8 %) standen 1995 in Tatverdacht, anderen Menschen schwere Körperverletzungen (Verlust bestimmter Fähigkeiten oder bleibende körperliche oder psychische Schäden) zugefügt zu haben …"

Literatur-Kartei: Rolltreppe abwärts

Eine schwere Entscheidung?

AB 25 – Kapitel 4

Frau Jäger gibt ihren Sohn ab. Sie kann oder will nicht mehr die Verantwortung für ihn tragen. Vielleicht beugt sie sich auch dem Druck von außen, den Meinungen von Herrn Möller oder der Frau vom Jugendamt. Mit ihrem Sohn, den diese Entscheidung betrifft, hat sie kein einziges Mal geredet.

> *verzweifelt, mutlos, tapfer, entschlossen, gehorsam, ratlos, verantwortungslos, verantwortungsvoll, leichtherzig, gelassen, selbstbewusst, traurig, feige, willensschwach, überredet, ignorant, desinteressiert, lieblos, liebevoll, weitsichtig, kurzsichtig*

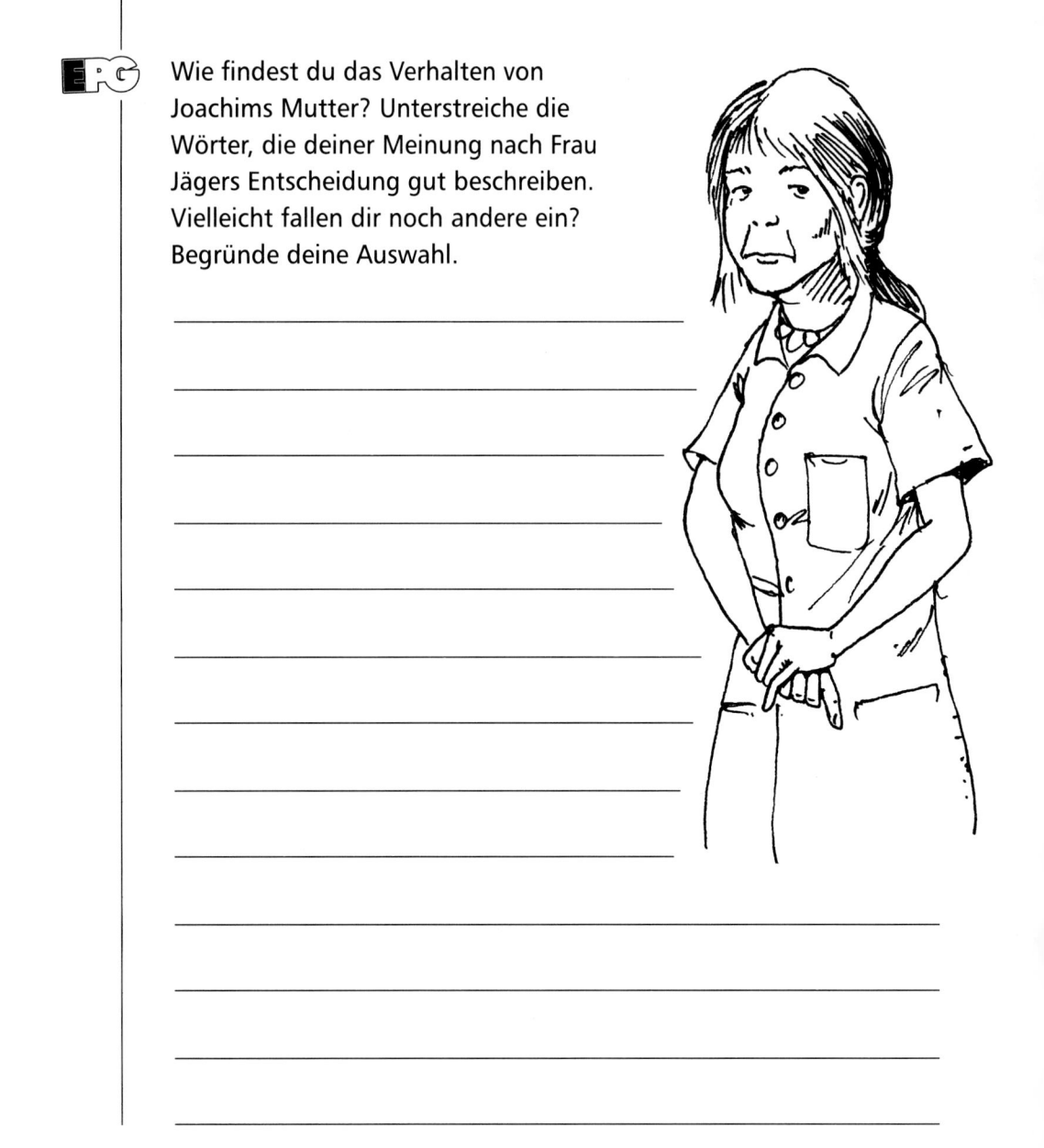

Wie findest du das Verhalten von Joachims Mutter? Unterstreiche die Wörter, die deiner Meinung nach Frau Jägers Entscheidung gut beschreiben. Vielleicht fallen dir noch andere ein? Begründe deine Auswahl.

_____
_____
_____
_____
_____
_____
_____
_____
_____
_____
_____

Literatur-Kartei: Rolltreppe abwärts

AB 26 – Kapitel 4

Mut zu reden

Jochens Mutter schickt ihren Sohn ins Erziehungsheim, ohne ein einziges Mal mit ihm geredet zu haben. Jochen will zwar mit der Mutter sprechen, tut es aber dann doch nicht. Jetzt könnt ihr ihm die Möglichkeit geben, über seine Zukunft mitzuentscheiden – mithilfe von zwei Rollenspielen.

1. Nach dem Gespräch im Jugendamt fasst sich Jochen ein Herz. Noch am selben Tag spricht er die Mutter an. Er will ihr alles erzählen: was war, was er will und wovor er Angst hat.

2. Jochens Mutter will die schwere Entscheidung über die Zukunft ihres Sohnes nicht alleine treffen. Sie arrangiert ein Gespräch mit Herrn Möller und Jochen.

Überlegt euch, welche Charaktere hier aufeinander treffen. Welche Argumente könnten fallen oder welche Gefühle könnten ausgesprochen werden? Welche unterschiedlichen Wendungen könnte das Gespräch nehmen?

Vielleicht macht ihr euch Notizen, wie das Gespräch verlaufen soll. Ihr könnt natürlich auch frei improvisieren. Dann spielt ihr mit verteilten Rollen. Wenn ihr die Gespräche mit dem Kassettenrekorder aufnehmt, könnt ihr anschließend besser darüber reden.

AB 27
Kapitel 4

Alles in Ordnung?

Die Fürsorgerin beim Jugendamt macht Jochens Mutter den Vorschlag, die freiwillige Erziehungshilfe in Anspruch zu nehmen. Obwohl sie betont, dass sie die Mutter nicht drängen will, macht sie doch deutlich, dass Jochen ihrer Ansicht nach im Heim besser aufgehoben ist als zu Hause. Sie befürchtet, dass noch mehr „vorfällt" und hält der Mutter vor Augen, dass sie irgendwann keine Möglichkeit mehr hat, über das Schicksal ihres Sohnes zu entscheiden.

Stell dir vor, du arbeitest beim Jugendamt.
Fülle den Beurteilungsbogen für Jochen aus.

Beurteilungsbogen

Name: _____

Alter: _____

Wohnort: _____

Beurteilung: _____

_____

_____

_____

_____

Literatur-Kartei: Rolltreppe abwärts

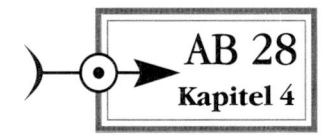

Jede Menge Fragen

AB 28 — Kapitel 4

Wenn du das Rätsel löst, erfährst du, wie man es früher nannte, wenn ein Kind oder Jugendlicher in ein Heim eingewiesen wurde.

1. Was für einen Beruf hat Jochens Mutter?
2. Was ist Axels Vater von Beruf?
3. Was soll Jochen für Axel stehlen?
4. Wie alt ist Elvira?
5. Jochen wird von einem Detektiv erwischt. Was wollte er stehlen?
6. Wie wird Jochen auf dem Schulhof gerufen?
7. Wie heißt Kaiser Rotbart mit Nachnamen?
8. Wo lebte Sven, bevor er ins Fürsorgeheim kam?
9. Pudel kam ins Heim, weil er 22 dieser Straftaten begangen hat.
10. Wie viele Schüler sind in Jochens neuer Klasse?
11. Was hat Axel in Jochens Alptraum in der Hand?
12. Ausdruck für Bettnässer?
13. Der Verlust dieses Gegenstands ist der Auslöser für Jochens Geschichte.
14. Wie lautet der Spitzname des Jungen, der mit Jochen und Pudel heimlich im Garten raucht?
15. Und wie heißt dieser Junge wirklich?

Lösungswort: ☐☐☐☐☐☐☐☐☐☐☐☐☐☐☐☐☐☐
 1 2 3 4 5 6 7 8 9 10 11 12 13 14 15 16 17 18

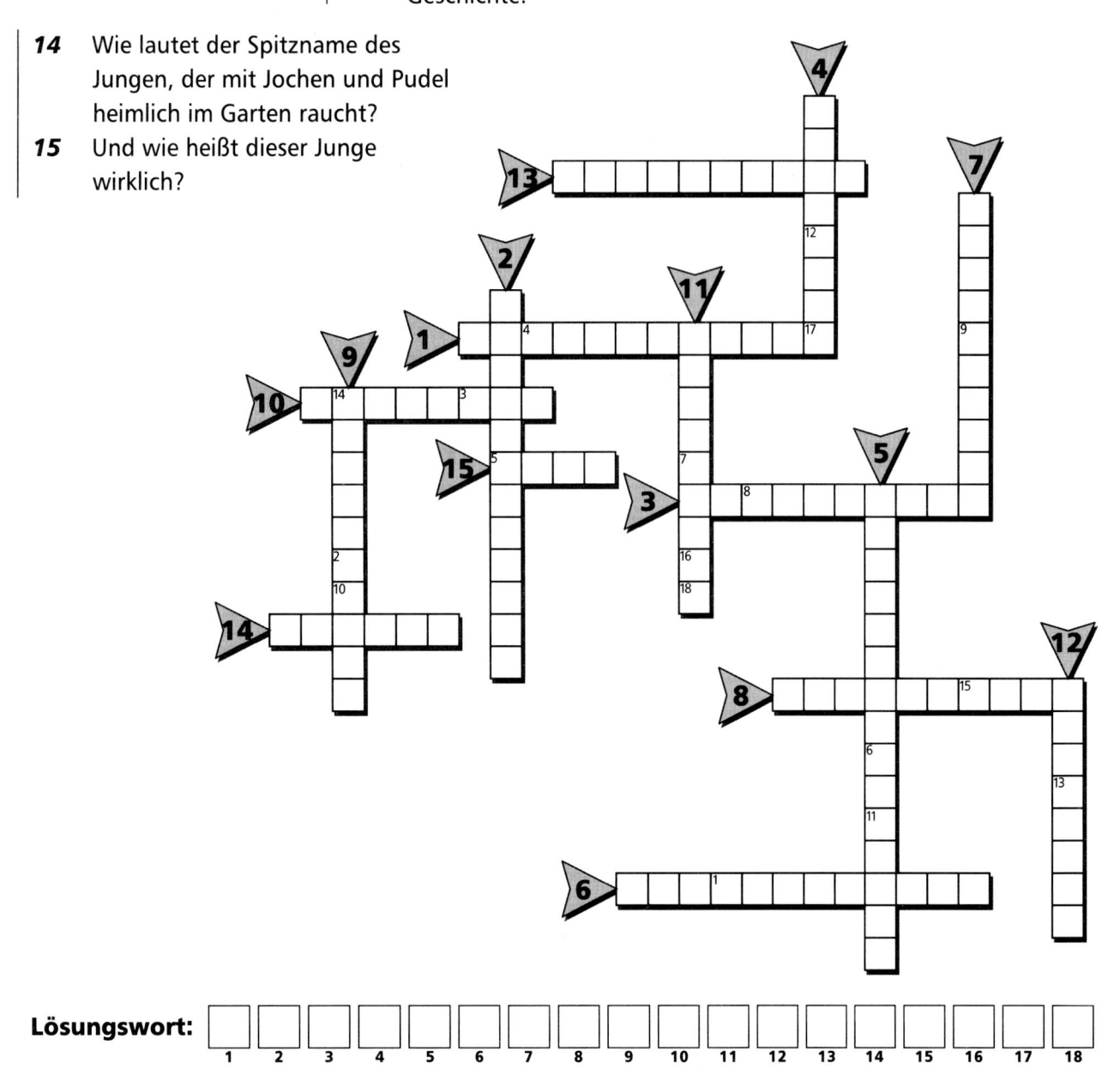

Literatur-Kartei: *Rolltreppe abwärts*

Briefwechsel

AB 29 Kapitel 5

Zu Beginn des 5. Kapitels schreibt Jochen zwei Briefe, einen an seine Mutter und einen an Axel. Die Schilderung seiner neuen Lebensumstände fällt in den beiden Briefen völlig unterschiedlich aus.

Axel beantwortet Jochens Briefe zwar nicht, dennoch kannst du dir überlegen, wie seine Antwort wohl hätte aussehen können. Überlege dir auch, wie Jochens Mutter wohl auf den Brief antwortet.

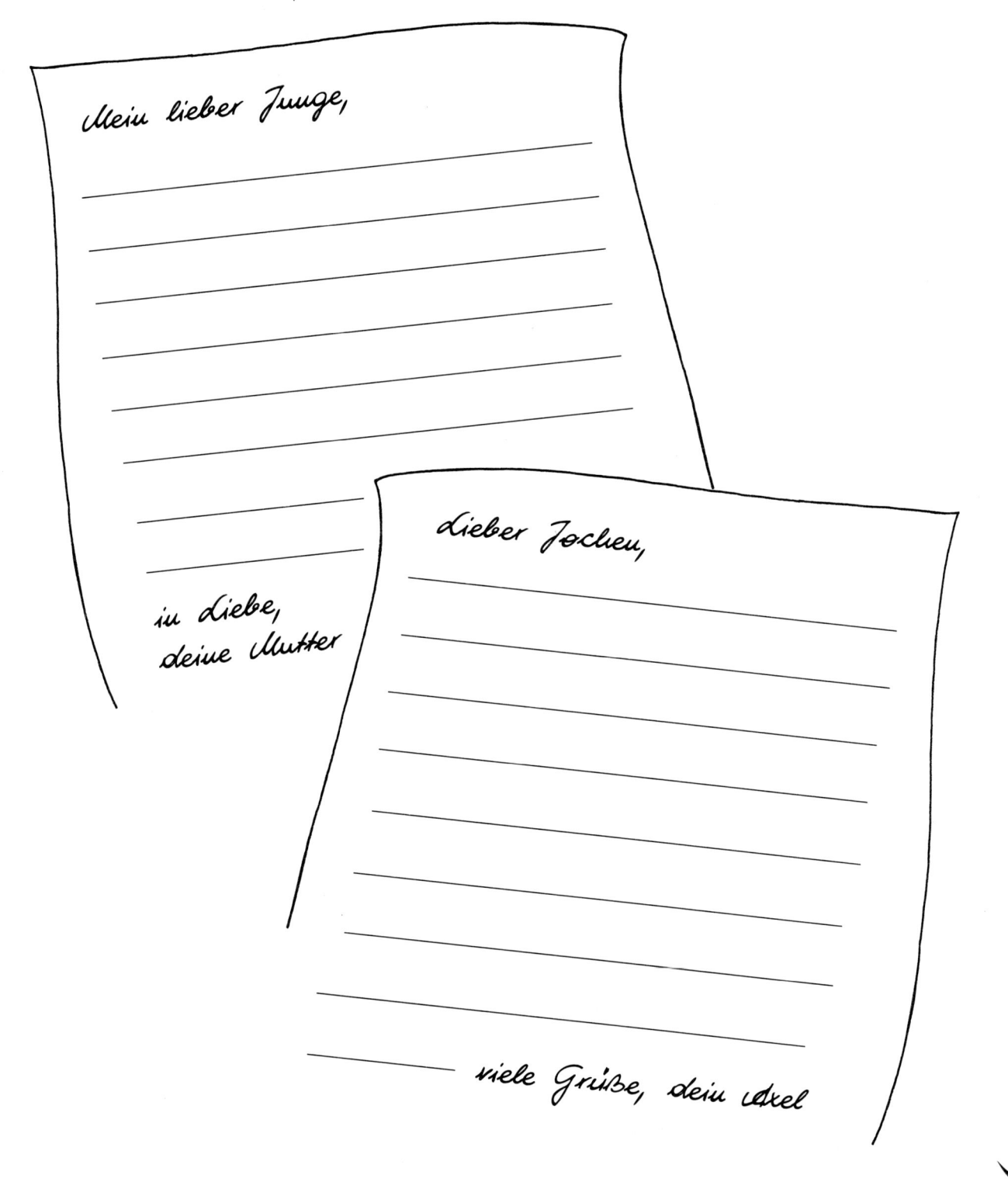

Mein lieber Junge,

_____
_____
_____
_____
_____
_____
_____

in Liebe,
deine Mutter

Lieber Jochen,

_____
_____
_____
_____
_____
_____
_____
_____

viele Grüße, dein Axel

Literatur-Kartei: Rolltreppe abwärts

AB 30 Kapitel 5 — Eine Meinung bilden

Ab Seite 91 (60) beschreibt Hans-Georg Noack, wie sich die Erzieher und die Jugendlichen in dem Heim übereinander eine Meinung bilden. Was hältst du davon? Wie funktioniert das überhaupt: sich eine Meinung bilden?

„Jochen ist gewalttätig und unbeherrscht!"

_____

„Jochen stiehlt!"

_____

„Jochen hat die Toilettentüren bemalt!"

_____

„Jochen leidet sicher unter der Trennung der Eltern!"

_____

EPG Versuche, die Begriffe *Vorurteil*, *Fakt*, *Ansicht*, *Gerücht* den Sätzen oben zuzuordnen. Begründe deine Zuordnung.

EPG / EPG Was macht den Unterschied zwischen Vorurteil, Fakt, Ansicht und Gerücht aus?
Welche Rolle spielen diese Kategorien der Meinungsbildung?
Redet zu zweit über diese Fragen und diskutiert anschließend in der gesamten Gruppe eure Schlussfolgerungen.

Literatur-Kartei: Rolltreppe abwärts

AB 31 Kapitel 5

Ein schwieriger Fall

In den ersten vier Kapiteln hat man Herrn Hamel schon recht gut kennen gelernt. Jetzt gibt der Autor allerdings sozusagen Einblick in Herrn Hamels Akte, du erfährst nämlich einiges über seine Biographie.

Wenn du dir die Seiten 93–96 (61–63) genau durchliest, kannst du sicher die folgenden Fragen beantworten!

1. Wann wurde Herr Hamel geboren?
_____

2. Wie hat er den Zweiten Weltkrieg erlebt?
_____

3. Durch welche Menschen wurde Herr Hamel in seiner Entwicklung beeinflusst?
_____

4. Warum ist Herr Hamel Erzieher geworden?
_____

5. Welche Bücher hat er zu Beginn seiner Tätigkeit gelesen?
_____

6. Was ist seiner Meinung nach für den Erzieherberuf wichtiger als eine fundierte Ausbildung?
_____

7. Was bedeutet „erziehen" für Herrn Hamel?
_____

8. Nenne ein paar seiner erzieherischen Grundsätze!
_____

9. Glaubst du, dass Herr Hamel die Jungen gern hat?
_____

10. Ist Herr Hamel ein glücklicher Mensch?
_____

Literatur-Kartei: *Rolltreppe abwärts*

Steppenkopp

AB 32 Kapitel 5

Jochen wird 14 Jahre alt. Von Kaiser Rotbart bekommt er ein Taschenbuch von einem Autor namens Schnurre und am Abend seines Geburtstages liest Jochen daraus die Erzählung „Steppenkopp".
Dabei handelt es sich nicht um eine Erfindung des Autors Hans-Georg Noack.

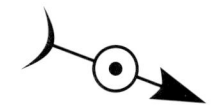

Kurzbiographie Wolfdietrich Schnurre

Wolfdietrich Schnurre wurde am 22. August 1920 in Frankfurt am Main geboren. 1928 ging die Familie nach Berlin. Während des Zweiten Weltkrieges war Schnurre Soldat. Er wurde 1939 eingezogen und setzte sich nur wenige Tage vor Kriegsende 1945 ab.

Nach dem Krieg war er einer der Mitbegründer der Gruppe 47, deren erste Tagung mit seiner Erzählung „Das Begräbnis" eröffnete. Schnurre gehörte damit zu den Autoren, die einen Neuanfang in der deutschen Literatur begründen wollten. Er war der Ansicht, dass Literatur nach dem Krieg die Ereignisse in Deutschland unter nationalsozialistischer Herrschaft thematisch und stilistisch aufarbeiten müsste.

Schnurre schrieb Romane, Kurzgeschichten, Gedichte, Kinderbücher, Fernseh- und Hörspiele. Die Erzählung „Steppenkopp" erschien zum ersten Mal in dem Band „Eine Rechnung, die nicht aufgeht", Walter Verlag, Olten 1958.

Wolfdietrich Schnurre

Hans-Georg Noack zitiert in „Rolltreppe abwärts" die Anfangs- und die Schlusszeilen der Erzählung sowie drei Stellen aus dem Mittelteil.
Wenn du Lust hast, die gesamte Erzählung zu lesen, findest du sie in:
Wolfdietrich Schnurre, Ein Fall für Herrn Schmidt.
Reclam (UB Nr. 8677), Stuttgart 1962, 1994.

- Gelingt es dir, deine eigene Geschichte um die zitierten Stellen herumzubauen?

- Lies anschließend Schnurres Originaltext und vergleiche ihn mit deiner Geschichte.

Literatur-Kartei: *Rolltreppe abwärts*

AB 33 Kapitel 5

Vom Lesemuffel zum Bücherwurm

„Vom Lesen hielt Jochen nicht besonders viel, ..." erfahren wir, als er zum Geburtstag von Kaiser Rotbart ein Buch geschenkt bekommt. Es wird dann aber auch erklärt, warum das so ist: Anscheinend hat Jochen nur immer die falschen Bücher in der Hand gehabt. Von Schnurres „Steppenkopp" kann er sich dann aber gar nicht mehr losreißen. Und seine besorgte Frage zu Ende des Romans hört sich dann schon ganz anders an: „Aber zu lesen kriegt man doch was in der Zelle, oder?"

Wie ist es mit dir? Bist du eher ein Lesemuffel oder ein Bücherwurm? Bestimmt gibt es ein Buch, das dir besonders gut gefallen hat. Stell das Buch deinen MitschülerInnen vor und versuche, sie von seinen Vorzügen zu überzeugen. Du hast zwei Minuten Redezeit. Mache dir hier ein paar Notizen, bevor du deinen Buchtipp vorträgst.

Du kannst natürlich auch eine negative Kritik zu einem Buch abgeben, das dir überhaupt nicht zugesagt hat.

Ein Buch, das ich sehr gern gelesen habe

Titel: _____

AutorIn: _____

Begründung: _____
_____
_____
_____
_____
_____

Ein Buch, das mir überhaupt nicht gefallen hat

Titel: _____

AutorIn: _____

Begründung: _____
_____
_____
_____
_____
_____

Strafen

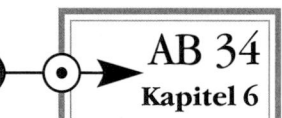

AB 34 Kapitel 6

Einen Monat Kellerdienst, Ausgang gestrichen, Taschengeld für 14 Tage weg – eine dicke Bestrafung für eine Tat, die noch nicht einmal eindeutig bewiesen wurde. Bestrafen, ahnden, züchtigen, vergelten, maßregeln – viele verschiedene Worte für eine unangenehme Angelegenheit. Strafen sind, wenn sie nicht per Gesetz geregelt sind, willkürlich erteilt und häufig in Zorn oder Ärger entschieden und festgelegt worden.
Vom Klaps auf den Po oder Beschimpfung reichen sie bis zu schwerer körperlicher oder seelischer Misshandlung.

1 *„Mal ein Klaps auf den Po, ab und zu Geschrei. Selten auch mal Hausarrest oder Fernsehverbot, dann muss ich es aber auch besonders toll getrieben haben."*

2 *„Bestrafungen gibt's bei uns eigentlich nicht. Meine Eltern haben mich noch nie geschlagen. Wenn ich was ausgefressen habe, erklären sie mir, was ich falsch gemacht habe, und ermahnen mich, dass ich es nicht mehr tun soll."*

3 *„Immer bin ich bei uns der Sündenbock. Egal, wer was angestellt hat, ich werde zuerst verdächtigt. Oft habe ich gar keine Gelegenheit, mich zu rechtfertigen, ich werde dann einfach bestraft, ohne dass irgendwas bewiesen worden ist."*

4 *„Wenn ich eine Tasse fallen lasse, werde ich von meinen Eltern verprügelt. Wenn ich ein falsches Wort gesagt habe, sperren sie mich in den Keller. Ich habe furchtbare Angst, überhaupt noch irgendwas zu tun oder zu sagen. Vielleicht sollte ich mal mit jemandem darüber reden, aber ich fürchte, dass meine Eltern das mitkriegen, und dann wird bestimmt alles nur noch schlimmer."*

Vier Kinder sprechen über ihre Erfahrungen mit Strafen. Vergleicht ihre Schicksale und redet darüber in der Gruppe.

Literatur-Kartei: Rolltreppe abwärts

**AB 35
Kapitel 6**

5 Personen, 5 Meinungen ...

Seite 116 (76) — **Hammel**: „..., aber auch ein Verschweigen kann ein Lügen sein, darüber sind wir uns wohl einig. Ich sehe also gar keinen Grund, etwas an den Strafen zu ändern. Außerdem hast du jetzt schon zehnmal einen Aufsatz abgegeben, der eine einzige Ungezogenheit ist. […] Und da soll ich nachsichtig sein?"

Seite 117f. (77) — **Jochen**: „Aber geschädigt bin doch bloß ich. […] Wir haben doch alle genug ausgefressen und es vielleicht gar nicht so gemeint oder gewollt. Terrier geht das ebenso. […] Wenn wir uns gegen etwas wehren müssen, dann gegen Hammel."

Seite 109 (71f.) — **Rotbart**: „Ein Junge hat etwas an die Toilettentür geschrieben. Das soll nicht sein, gut. Aber Brandstiftung wäre schlimmer. […] Ich finde es einfach unwürdig, wenn man wegen einer so kindischen Handlungsweise ein solches Theater aufführt!"

Seite 111 (73) — **Terrier**: „Ich krieg ja nie 'ne Beurteilung, dass ich hier mal wieder rauskomme. Und du bist noch neu, da ist das gar nicht so schlimm. So schnell entlassen sie dich hier sowieso nicht wieder, und du kannst noch genug gute Beurteilungen kriegen!"

Seite 111 (73) — **Pudel**: „Und was du erwarten darfst, Terrier, das weißte ja wohl."

Fünf Personen, fünf verschiedene Meinungen. Wen kannst du verstehen, wer ist dir fremd?

_____
_____
_____
_____
_____
_____
_____
_____

Literatur-Kartei: *Rolltreppe abwärts*

AB 36
Kapitel 6

... und deine Wertung

Fülle die Tabellen aus und zeichne anschließend deine persönliche „Sympathiekurve". Redet anschließend gemeinsam über die unterschiedlichen Reaktionen auf die „Sache mit der Toilettentür". Jetzt betrachte noch einmal deine Angaben. Hättest du's wieder genauso gemacht?

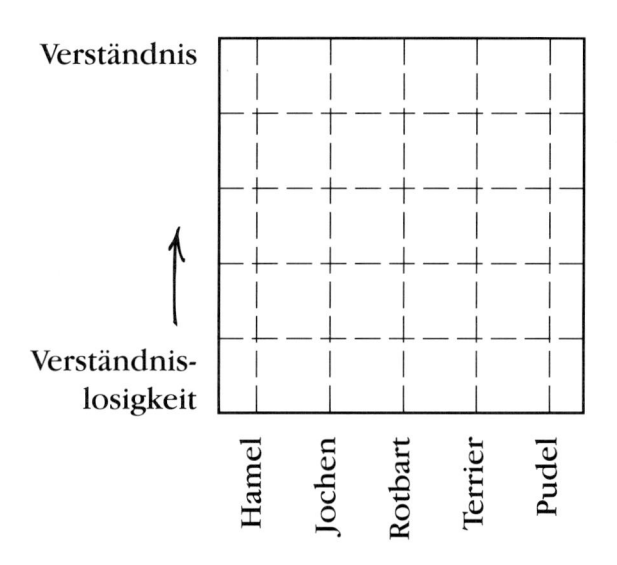

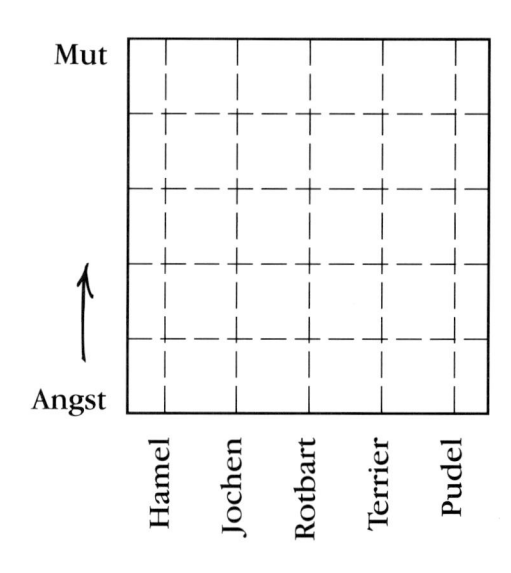

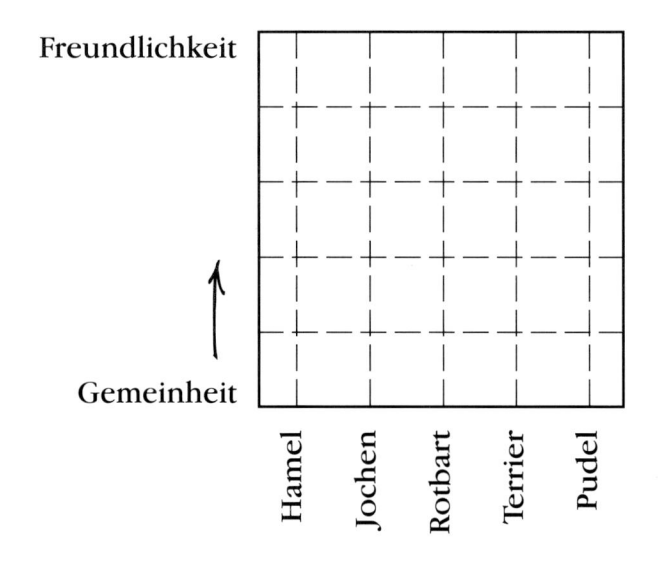

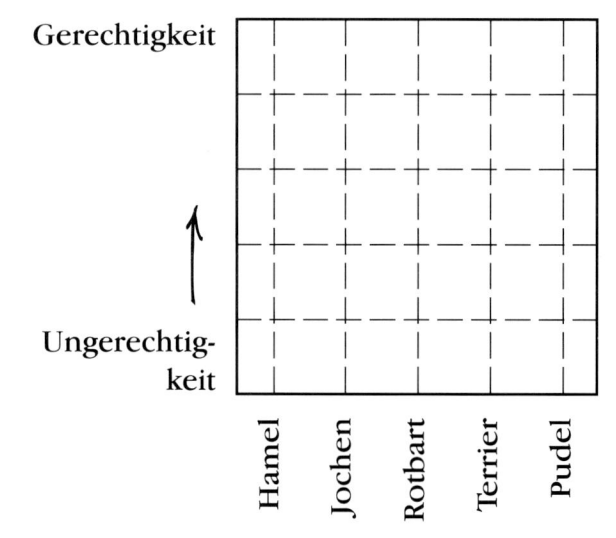

Verständnis
↑
Verständnislosigkeit

Hamel | Jochen | Rotbart | Terrier | Pudel

Mut
↑
Angst

Hamel | Jochen | Rotbart | Terrier | Pudel

Freundlichkeit
↑
Gemeinheit

Hamel | Jochen | Rotbart | Terrier | Pudel

Gerechtigkeit
↑
Ungerechtigkeit

Hamel | Jochen | Rotbart | Terrier | Pudel

Literatur-Kartei: Rolltreppe abwärts

AB 37 Kapitel 7

Der Boxeraufstand

Jochen probt mit seinen Kameraden den Aufstand. Sie wollen sich dagegen wehren, dass Herr Hamel sie immer mit Hundenamen ruft. Daher bekommt der Erzieher eines Morgens vor dem Frühstück an Stelle des üblichen Gebets ein Bell-Konzert zu hören.
Sven hatte die Aktion vorher schon scherzhaft als Boxeraufstand bezeichnet. Hast du diesen Witz verstanden?

Auf nach China! Wer weiß, ob wir uns wiedersehn!

Die Boxer …

… waren ein religiöser Geheimbund in China. Die genaue Übersetzung der chinesischen Bezeichnung Yi-he quan lautet: Faustkämpfer für Recht und Einigkeit.
Im 19. Jahrhundert geriet China durch die Europäer und die Amerikaner zunehmend unter den Einfluss des Christentums und der Industrialisierung. Die Boxer kämpften gegen die „Fremden" und fanden immer mehr Anhänger. Sie wurden schließlich auch von der kaiserlichen Regierung anerkannt.
Der Widerstand der Boxer äußerte sich in Überfällen auf ausländische Einrichtungen. Durch die Ermordung des deutschen Gesandten von Ketteler am 19. Juni 1900 und die Besetzung des Gesandtschaftsviertels wurde dann der Boxeraufstand ausgelöst.
China erklärte den Westmächten offiziell den Krieg. Daraufhin stellten Großbritannien, Frankreich, Russland, Italien, Deutschland, Österreich–Ungarn und die USA ein gemeinsames Expeditionskorps auf. Mit der Besetzung Pekings am 16. August 1900 durch dieses Korps endete der Boxeraufstand.
China musste sich harten Friedensbedingungen beugen und hohe Zahlungen an seine Gegner leisten.

Wenn du Lust hast, dich ein bisschen mehr mit der chinesischen Geschichte zu befassen: In der Bibliothek findest du Literatur zu dem Thema. Wenn in der Nähe eine Ausstellung zum Thema chinesische Geschichte, Kunst oder Kultur stattfindet, organisiert mit der ganzen Klasse einen Besuch.

Wie hat dir der von Jochen angeführte Boxeraufstand gefallen? Findest du, eine solch drastische Maßnahme von Seiten der Jungen war notwendig? Hätte es auch noch andere Möglichkeiten gegeben, z.B. ein Gespräch mit Herrn Hamel?

Literatur-Kartei: *Rolltreppe abwärts*

Jochen und Axel

AB 38 – Kapitel 8

Jochen ist ein sehr einsamer Junge. Er hat eigentlich keine Freunde, darf niemals Schulkameraden nach Hause einladen. Umso glücklicher ist er, als er Axel kennen lernt und der ihm seine Freundschaft anbietet. In der Beziehung der beiden gibt es acht sehr wichtige Situationen.

Fasse kurz die entsprechenden Szenen unter den folgenden Überschriften in eigenen Worten zusammen.

1. **Die Erpressung** Seite 29f. (19f.)
2. **Die Einladung** Seite 31f. (20f.)
3. **Die Anstiftung** Seite 36f. (24)
4. **Der erste Verrat** Seite 52f. (34f.)
5. **Die Zuflucht** Seite 60ff. (39ff.)
6. **Der erste Brief** Seite 90 (59)
7. **Der zweite Verrat** Seite 134ff. (88f.)
8. **Der letzte Brief** Seite 139 (91)

Wenn du dir jetzt die Entwicklung der Freundschaft ansiehst, wie beurteilst du das Verhalten von Jochen gegenüber Axel und umgekehrt? Haben sich die beiden wie wirkliche Freunde verhalten? Beruhte ihre Auffassung von Freundschaft auf Gegenseitigkeit? Die folgenden Wörter helfen dir vielleicht, die Beziehung von Jochen und Axel zu definieren:

gegenseitig, einseitig, Liebe, Vertrauen, Verständnis, stark, schwach, überlegen, unterlegen, beeinflussen, überreden, schlechter Einfluss, guter Einfluss, helfen, unterstützen, zueinander stehen, zusammenhalten, akzeptieren, feige, mutig, freundlich, gemein, lügen, ehrlich sein, geben, nehmen, unterstützen, beschützen

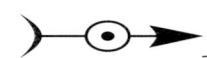

Literatur-Kartei: *Rolltreppe abwärts*

Der Besuch

AB 39 Kapitel 8

Als die Mutter Jochen im Heim besucht, lügt er sie an und versucht damit bewusst, ihr weh zu tun.

Was könnte Jochen zu seiner Mutter sagen, wenn er ehrlich wäre? Schreibe die Antworten auf die Bemerkungen seiner Mutter hin.

Ich hab dir auch etwas mitgebracht, Jochen.

_____

_____

_____

Es freut mich, dass es dir an nichts fehlt!

_____

_____

_____

Es gefällt dir also hier?

_____

_____

_____

Hast du Heimweh gehabt?

_____

_____

_____

Sind deine Erzieher mit dir zufrieden?

_____

_____

_____

Literatur-Kartei: *Rolltreppe abwärts*

AB 40
Kapitel 8

Buhmänner

→ *„Hier kommen die Jungen hin, die nicht artig sind, weißt du?"*

→ *„Wenn du nicht aufisst, kommt der schwarze Mann und holt dich!"*

→ *„Warte, bis der Vater/die Mutter nach Hause kommt."*

Drohungen mit *„Na warte"* und *„Wenn du"* kennt vermutlich jedes Kind. Spukgestalten, der unheimliche Mann von nebenan oder ein strenger Elternteil werden in der Vorstellung des „Missetäters" zu gefürchteten Richtern, die früher oder später für Bestrafung sorgen werden.

Wer waren deine Buhmänner?
Kreuze an oder fülle die leeren Felder aus.

☐ **der schwarze Mann**

☐ **Vater**

☐ **Mutter**

☐ **der Direktor/die Direktorin**

☐ **der Teufel**

☐ **die weiße Frau**

Literatur-Kartei: Rolltreppe abwärts

AB 41 Kapitel 8 — Ein Silbenrätsel

ab – an – auf – bo – chen – cker – de – er – grup – heim – her – kei – keit – ko – kopp – ku – le – lehr – lich – ling – me – men – na – pen – pen – rung – schram – se – son – stand – step – xer – zärt – zie – zu – zug

Damit die Lösung dieses Rätsels etwas leichter wird, kannst du die bereits verwendeten Silben in dem Kästchen oben ausstreichen.

1. Das ist Hammels Beruf.

2. Durch diese Erzählung wird Jochen zur Leseratte.

3. Das liegt bei Jochens Geburtstag auf den Tellern.

4. Davor verschont Jochen Terrier.

5. Das fordert Kaiser Rotbart für die Jungen.

6. Nach seiner Flucht kommt Terrier in …

7. Das veranstalten die Jungen gemeinsam gegen Hammel.

8. Katz meint, für Hammel seien die Hundenamen eher das.

9. Den soll sich Jochen zur Hochzeit seiner Mutter kaufen.

10. Das soll Jochen nach seiner Entlassung werden.

11. Das verarztet Schwester Maria bei Jochen.

Literatur-Kartei: Rolltreppe abwärts

Wer ist Pestalozzi?

Johann Heinrich Pestalozzi wurde am 12. Januar 1746 in Zürich geboren.

Nach seinem Studium beschäftigte sich Pestalozzi zunächst mit der Landwirtschaft, wandte sich aber bald seiner Lebensaufgabe zu, der Pädagogik, das ist die Wissenschaft, die sich mit der Erziehung beschäftigt. Er heiratete Anna Schultheß. 1770 wurde der Sohn Hans Jakob geboren, der bereits im Alter von nur 31 Jahren starb.

Im Laufe seines Lebens gründete und leitete Pestalozzi mehrere erzieherische Anstalten. Er begann 1774 mit einer Armenanstalt auf dem Neuhof bei Birr, danach leitete er die Anstalt in Stans und später das Institut in Burgdorf, das 1804 nach Münchenbuchsee verlegt wurde. Im gleichen Jahr wurde ein weiteres Institut in Yverdon eröffnet. Nach langen Auseinandersetzungen mit der Lehrerschaft und dem Zerwürfnis mit seinem langjährigen Vertrauten Johannes Niederer gab Pestalozzi das Institut 1825 auf und kehrte auf den Neuhof zurück. Er starb am 17. Februar 1827 in Brugg.

Pestalozzi war nicht nur in der Praxis erzieherisch tätig, er hat seine Gedanken und Ideen auch schriftlich festgehalten. Sein Werk umfasst neben theoretischen Schriften auch Romane und zahlreiche Briefe. Einige der wichtigsten Werke sind „Lienhard und Gertrud", „Wie Gertrud ihre Kinder lehrt", „Stanser Brief", „Schwanengesang" etc.

Für Pestalozzi war Erziehung Dienst am Menschen.

Der Gedanke der Volkserziehung, den er vertrat, besagt, dass jeder Mensch – der Bauer sowie der Adlige – ein Anrecht auf Bildung hat, allerdings im Rahmen der durch seinen Stand vorgegebenen Grenzen. Erziehung bedeutete für Pestalozzi die Entwicklung von „Kopf, Herz, Hand". Das heißt, dass sowohl die geistigen als auch die seelischen und die körperlichen Fähigkeiten des Menschen nach Kräften gefördert werden sollten.

Die wichtigste Grundlage dieser Förderung bestand für Pestalozzi in einer engen Beziehung des Menschen zu Gott und zu seiner Familie. Aus diesem Grund musste auch für Kinder in einem Heim eine Umgebung geschaffen werden, die soweit als möglich den Gegebenheiten in einer Familie ähnelte. „Wohnstubenerziehung" ist der Begriff, mit dem Pestalozzi diese Idee umschrieb. Die Wohnstube symbolisiert dabei die Nähe und die Vertrautheit innerhalb einer Familie.

Auf Seite 156 (102) erfährst du, dass die Praktikanten von Herrn Katz als von „unserem Pestalozzi" sprechen. Wenn du dir den Text oben durchgelesen hast, kannst du jetzt vielleicht erklären, warum die Praktikanten Herrn Katz so nennen.

**AB 42
Kapitel 10**

Du kommst zu spät!

Deine Nackenhaare stellen sich auf und du hast Panik. Gleich musst du die Tür aufmachen … und alle werden dich strafend oder schadenfroh angucken. Was wirst du sagen?

Sammelt eure Lieblingsausreden fürs Zuspätkommen und stellt eine Liste der zehn besten Flunkereien zusammen. Hier sind schon mal ein paar Vorschläge:

„Der Bus hatte eine Reifenpanne."

„Meine kleine Schwester hat sich in die Hose gemacht."

„Ich konnte meinen zweiten Schuh nicht finden."

„Ich habe einer alten Frau die Tasche in den zehnten Stock geschleppt."

Meine Lieblingsausreden:

_____

_____

_____

_____

_____

Literatur-Kartei: Rolltreppe abwärts

AB 43 Kapitel 10 — Die Dackelentführung

Nur um eine Ausrede fürs Zuspätkommen zu haben, nimmt Sven einem kleinen Mädchen seinen Hund weg. Jochen macht mit und hält den Mund. Einen Tag später darf Sven das Heim verlassen. Er bekommt die Nachwirkungen seiner Tat nicht mehr zu spüren. Für Jochen dagegen hat die Dackelentführung schwerwiegende Folgen.

E P G Sven entführt einen kleinen Dackel – kriminelle Handlung oder dummer Streich? Urteile selbst.

_____
_____
_____

E P G Welche Auswirkungen hat die Dackelentführung für Jochen? Schreibe auf.

_____
_____
_____
_____

E P G Jochen hätte auch anders handeln können. Er hatte zu verschiedenen Gelegenheiten Zeit dazu. Überlegt euch mehrere Möglichkeiten und spielt sie durch. Wenn ihr das Rollenspiel mit dem Kassettenrekorder aufnehmt, könnt ihr anschließend besser darüber reden.

1. Sven packt den kleinen Dackel, brüllt „Los" und rennt davon. Jochen läuft ihm hinterher. Als er Sven eingeholt hat, schreit er wütend: „Spinnst du?" und nimmt ihm den Hund ab …

2. Sven und Jochen haben den Hund bei Hamel abgeliefert. Jochen quält das schlechte Gewissen, sodass er wenig später Sven beiseite nimmt. Er will ihn überreden, gemeinsam zu Hamel zu gehen und den Diebstahl zu gestehen …

3. Solange Sven bei ihm ist, traut sich Jochen nichts zu sagen, um den Freund nicht zu verpetzen. Am Abend, nachdem Sven abgereist ist, fasst er sich aber ein Herz und klopft bei Hamel an …

Literatur-Kartei: Rolltreppe abwärts

Die Flucht

AB 44 Kapitel 11

Jochen verlässt das Erziehungsheim. Doch er hinterlässt einen Brief, in dem er erklärt, warum er sich zur Flucht entschlossen hat.

Schreibe du Jochens Brief.
An wen könnte er adressiert sein?

Liebe / Lieber

Literatur-Kartei: *Rolltreppe abwärts*

AB 45 Kapitel 11 — Eine Fahrt durch die Nacht

Hans-Georg Noack beschreibt Jochens Nachtfahrt auf der Autobahn. Er benutzt dazu Wörter, die die Atmosphäre gut beschreiben.

Lies noch einmal Seite 193f. (126). Jetzt klappe das Buch zu und trage die fehlenden Wörter aus dem Gedächtnis ein. Kontrolliere dein Ergebnis. Ohne zu schummeln – hast du alles richtig gemacht?

Er starrte voraus auf das Band der Autobahn. Es fing an zu regnen. Die Scheinwerfer der entgegenkommenden Autos ließen die Tropfen auf der Windschutzscheibe _____ , doch die Scheibenwischer kehrten das _____ beiseite. Der Wagen war gut geheizt, fast zu _____ . Jochen wurde _____ , doch er wollte nicht einschlafen.

Wir fahren ein _____ , dachte er. Großer Preis der Autobahn. Jäger und sein _____ liegen gegenwärtig an sechsunddreißigster Stelle, aber sie holen auf. Da, ein Konkurrent ist _____ , noch einer. Noch einer. Jetzt drängten sich von hinten _____ näher, schoben sich vorbei. Räder wirbelten _____ auf, und der Fahrer spritzte zusätzliches _____ vor die Wischer, um wieder klare Sicht zu bekommen.

Entgegenkommende Wagen schlugen _____ die Augen nieder. Schon zwanzig Minuten waren sie unterwegs. Ungefähr fünfundvierzig Kilometer waren geschafft. […]

Es gab keinen Grund mehr zur _____ . Jochen konnte sich _____ , konnte die Augen schließen, auf das gleichmäßige _____ des Motors lauschen.

Literatur-Kartei: Rolltreppe abwärts

Jochens Vater

AB 46 Kapitel 11

Jochens Vater hat kein Sorgerecht für seinen Sohn. Wenn sich Eltern scheiden lassen, entscheidet das Familiengericht, welches Elternteil für die Kinder sorgen soll. Das Gericht kann auch beiden Eltern das Sorgerecht zusprechen. Dies soll unter Berücksichtigung des Wohles des Kindes geschehen, insbesondere seiner individuellen Bindung an Eltern und Geschwister. Kinder ab 14 Jahren haben Mitspracherecht, das heißt, sie dürfen mitentscheiden, mit wem sie künftig leben werden.

Wie findet ihr den Entschluss von Jochens Vater, seinen Sohn zum Jugendamt zu bringen? Hat er andere Möglichkeiten?
Redet darüber in der Tischgruppe etwa 5 Minuten.
Eine/r von jeder Gruppe trägt dann das Ergebnis der jeweiligen Kleingruppendiskussion vor und begründet es. Redet dann in der gesamten Gruppe noch einmal über alle diese Aussagen. Ändert sich dadurch eure Meinung?

Literatur-Kartei: Rolltreppe abwärts

AB 47 Kapitel 11 □ □ **„Ich bin dein Vater."**

EPG Lest euch die Aussagen von Jochens Vater noch einmal durch. Könnt ihr seine Haltung verstehen? Versucht, sie zu er- und begründen. Was könnte Jochen jeweils auf die Äußerungen seines Vaters erwidern?

EPG Spielt zu zweit in einem kurzen Rollenspiel das Gespräch einmal durch.

»Deine Mutter hat das Sorgerecht für dich, nicht ich. Ich komme ja in Teufels Küche, wenn ich dich einfach aufnehme.«

»Meine Braut ist noch sehr jung, erst neunzehn. Der kann ich doch nicht gleich einen vierzehnjährigen Sohn mit in die Ehe bringen, …«

»Ich bin dein Vater, […] Und mir ist auch nicht gleichgültig, was aus dir wird, das darfst du mir glauben.«

»Das ist im Leben so. Da geht nicht alles immer so, wie man es gern möchte. Man macht seine Fehler, […] und dann muss man eben die Suppe auslöffeln, die man sich eingebrockt hat.«

»Wenn du erst ein bisschen größer bist, wirst du das schon begreifen.«

»Was du jetzt getan hast, das kann man wieder ungeschehen machen, und das ist die einzige richtige Lösung.«

»Du willst doch ein Mann werden!«

»Hier, damit du wenigstens etwas von deinem Vater hast. Vielleicht kannst du dir damit einen Wunsch erfüllen.«

Literatur-Kartei: Rolltreppe abwärts

AB 48 Kapitel 12 ▫▫▫▫▫▫▫▫ # Heimkoller

Nach seiner misslungenen Flucht hält sich Jochen abseits, spricht nicht mehr und starrt vor sich hin.

E G Könnt ihr seine Verwandlung verstehen? Wie würdet ihr euch an seiner Stelle verhalten? Redet in der Gruppe darüber.

E G Schlage das Wort Koller im Lexikon nach. Was bedeutet es? Schulkoller, Höhenkoller, Familienkoller – welche Koller haben dich persönlich schon befallen? Beschreibe ihre Symptome!

_____
_____
_____
_____
_____
_____

E G Was geht Jochen wohl durch den Kopf? Schreibe seine Gedanken auf.

_____
_____
_____
_____
_____
_____
_____
_____

Literatur-Kartei: *Rolltreppe abwärts*

AB 49 Kapitel 12 — Hilferufe

„Liebe Mutti, hol mich hier raus! Ich gebe mir auch Mühe! Dein Jochen."
S. 210 (137)

Nach seiner Flucht scheint Jochen aufgegeben zu haben. Das Leben im Heim existiert für ihn nicht mehr. Jochen sieht nur noch einen Weg: Seine Mutter soll kommen und ihn retten. Der Brief ist ein Hilferuf an sie. Ein Versuch, ihr etwas von sich mitzuteilen, seine Bitte um Unterstützung. Die Antwort: eine Karte, auf der von Besuchstag, Stiefvater, schwieriger Zukunft und Vernunft die Rede ist.

Im Laufe der Geschichte wird Jochen immer wieder allein gelassen. Trotzdem versucht er, auf sich aufmerksam zu machen und um Hilfe zu bitten. Erinnere dich: Warum tut er das und wie werden seine Hilferufe beantwortet? Vervollständige dieses Arbeitsblatt, indem du die Gründe einträgst.

Grund:	Reaktion:
	Jochen reißt von zu Hause aus.
	Jochen schreibt vom Heim aus einen Brief an Axel.
	Jochen stößt sich eine Gabel in den Arm.
	Jochen flüchtet aus dem Heim zu seinem Vater.
	Jochen schreibt der Mutter einen kurzen Brief.

Warum ich hier bin!

AB 50 – Kapitel 12

»Warum ich hier bin!

Ich bin hier, weil ich gestohlen habe, weil ich einen anderen Jungen halb totgeschlagen habe, weil ich einem Mädchen eine Kette abgerissen habe. Ich bin hier, weil ich nichts tauge und weil ich ein Lump bin, aus dem nie etwas werden wird. Ich muss dankbar sein, dass ich hier sein darf, weil man sich hier Mühe gibt, doch noch etwas aus mir zu machen, aber es hat keinen Zweck, es wird ja doch nichts aus mir, und das ist gar nicht so schlimm, weil ja doch keiner etwas von mir wissen will.«

Jürgen-Joachim Jäger

Lies dir Jochens Aufsatz genau durch. Unterstreiche Satzteile oder Wörter mit unterschiedlichen Farben und ordne sie den folgenden Adjektiven zu. Du kannst auch einzelne Teile des Briefes mit mehreren Farben unterstreichen. Erkläre deine Entscheidung und vergleiche mit den anderen aus deiner Gruppe.

trotzig, ironisch, ehrlich, selbstmitleidig, reumütig, schuldbewusst, provozierend, anklagend, beschämt, fordernd, bittend

Jochen will sich wehren

AB 51 – Kapitel 12

Jochen will etwas tun, damit er nicht mehr ins Heim zurück muss, und „alle" sollen es erfahren. Alle, das sind vor allem: die Mutter, Herr Möller, Axel, Elvira, der Vater, Herr Katz, Herr Hamel und Schwester Maria.

- Kannst du dir vorstellen, warum Jochen dabei ausgerechnet an diese Personen denkt? Gibt es etwas, was sie gemeinsam haben?

- Führe Jochens Gedanken zu Ende und überlege anschließend, was die betreffenden Personen auf Jochens Vorwürfe antworten könnten.
  … die Mutter, weil sie mich fortgeschickt hat.
  … Herr Möller, weil er mir die Mutter weggenommen hat.
  … Axel, weil …
  …

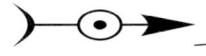

Literatur-Kartei: Rolltreppe abwärts

AB 52 Kapitel 12

Ein richtiges Gefängnis

„Behalten sie mich mal lieber hier, Herr Richter. Das ist wenigstens ein richtiges Gefängnis." S. 216 (141)

Jochen wird betrunken vor dem Geschäft seines Stiefvaters aufgegriffen und auf eine Polizeiwache mitgenommen. Ein Polizeibeamter/eine Polizeibeamtin kommt dort mit ihm ins Gespräch. Jochen fasst Vertrauen und erzählt ehrlich, was er seit seiner Ankunft in der Heimatstadt gemacht hat und warum er es getan hat.

Versetzt euch in die Rolle des Polizisten/der Polizistin und füllt auf der Basis von Jochens Aussagen einen „Polizeibericht" aus.

Polizeibericht

Versucht, euch in Jochens Lage zu versetzen und sammelt gemeinsam Gründe für sein Verhalten. Spielt anschließend in einem Rollenspiel ein Gespräch zwischen Jochen und einem/r Sozialarbeiter/in durch, der/die Jochen betreut.

Literatur-Kartei: *Rolltreppe abwärts*

Noch ein Rätsel

AB 53 — Kapitel 12

Trage die richtigen Wörter ein. Die Buchstaben in den extra gekennzeichneten Feldern ergeben das Lösungswort.

Beachte: ä = ae, ö = oe, ü = ue.

1. So wird Katz auch gerufen: _____
2. Womit bearbeiten die Jungen ihre Anzüge vor der Tanzstunde? _____
3. Katz denkt, Jochen will aus _____ nicht zur Hochzeit seiner Mutter.
4. Das soll Jochen bei Marias Bruder werden: _____
5. Katz erfährt vom Dackeldiebstahl, weil die Familie des kleinen Mädchens _____ erstattet hat.
6. Das ist der Dackeldiebstahl für Hammel: _____
7. Per _____ reist Jochen nach Stuttgart.
8. Jochens Vater hat kein _____ für seinen Jungen.
9. Das soll Jochen nach seiner Flucht schreiben: _____
10. Wieder im Heim, wird Jochen zum Außenseiter. Jürgen meint, das ist _____.
11. Die weite Flucht führt Jochen in seine _____.
12. Der soll Jochen nach seiner zweiten Flucht untersuchen: _____
13. Nach seiner Flucht möchte Jochen lieber ins _____ als zurück ins Heim.
14. Jede _____ schreibt Jochen einen Aufsatz.

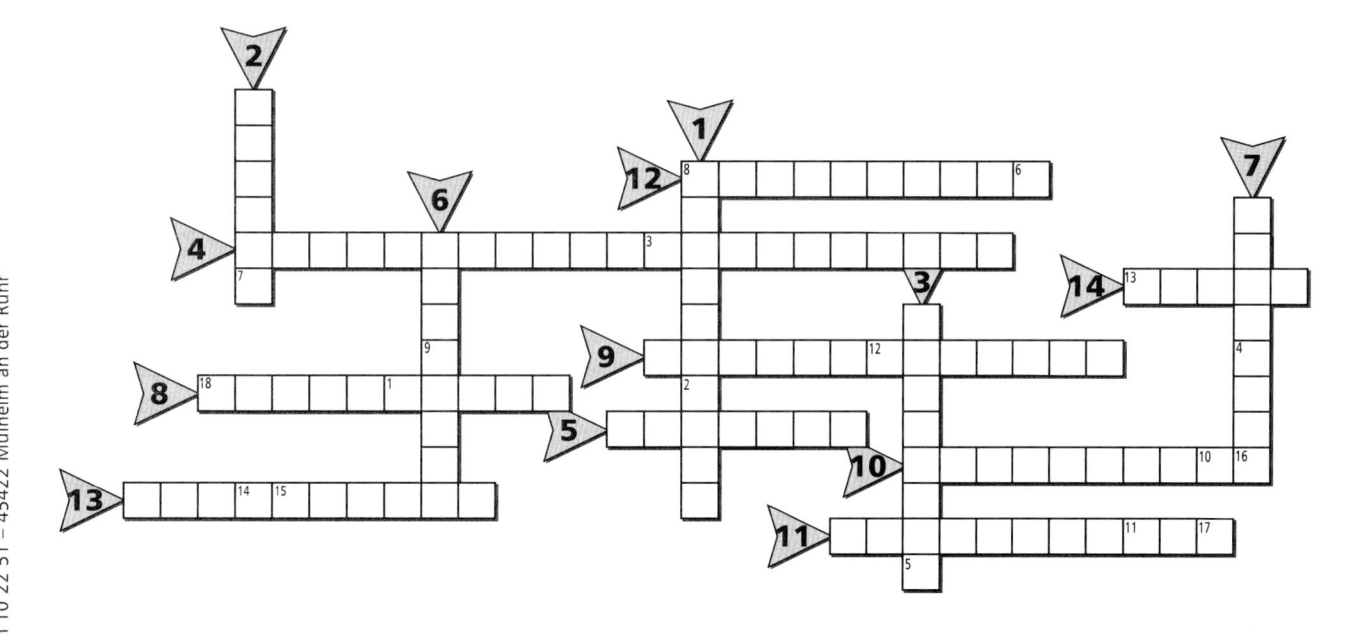

Lösungswort: ☐☐☐☐☐☐☐☐☐☐☐☐☐☐☐☐☐☐
      1 2 3 4 5 6 7 8 9 10 11 12 13 14 15 16 17 18

Literatur-Kartei: *Rolltreppe abwärts*

AB 54 Kapitel 12

Rolltreppe abwärts I

Es beginnt mit einem verlorenen Schlüssel und endet mit dem Haftrichter. Missgeschicke, dumme Zufälle, schlechte Entscheidungen, falsche Reaktionen – Jochens Rolltreppe geht stetig abwärts, das Ende ist nicht abzusehen.

Blättere noch einmal durch das Buch und trage die wichtigsten Situationen (mit Angabe der Seite) ein, die deiner Meinung nach Jochens Talfahrt maßgeblich bestimmen. Wenn der Platz nicht reicht, schreibe auf einem zusätzlichen Blatt weiter.

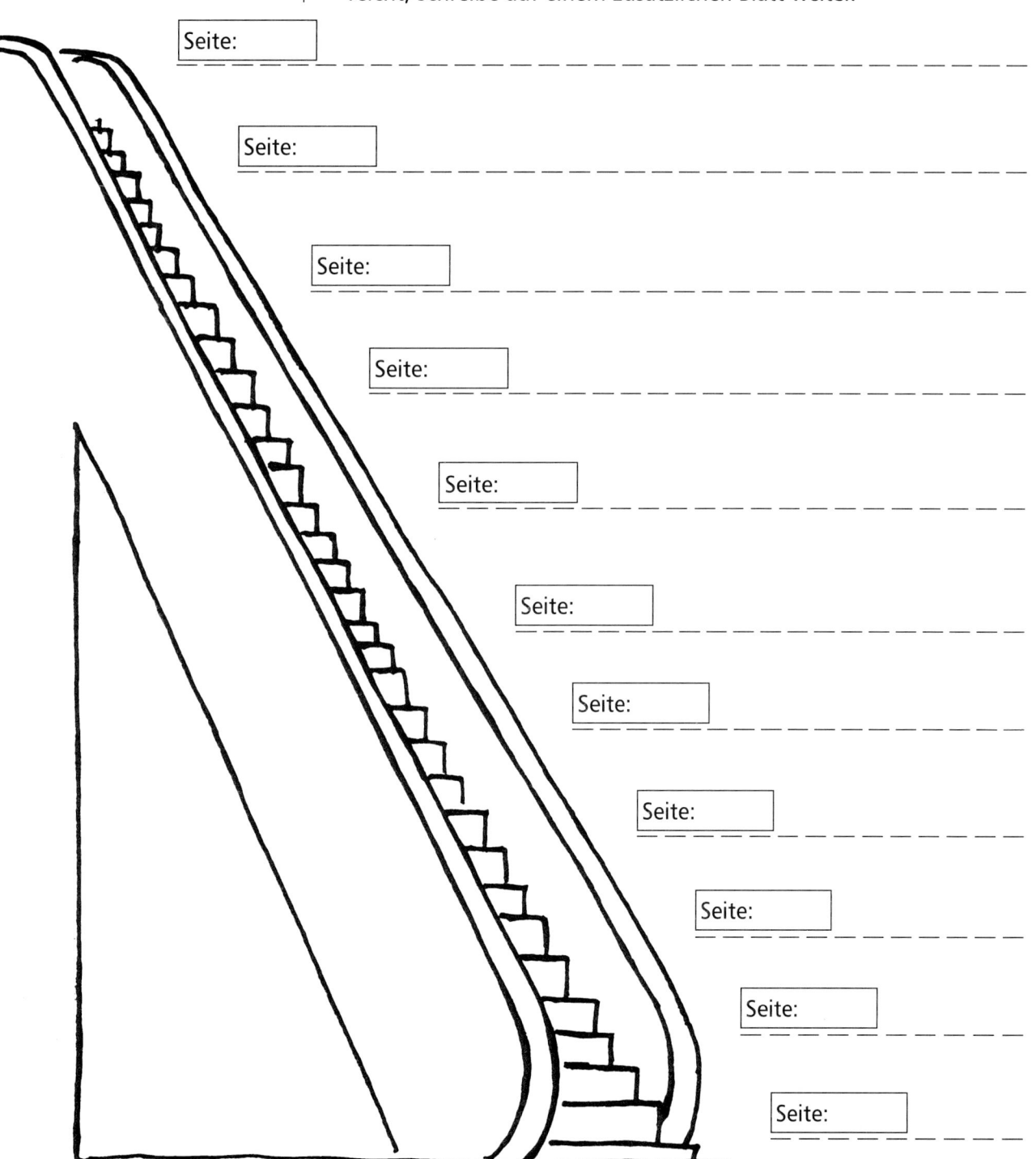

Seite: _____

Seite: _____

Seite: _____

Seite: _____

Seite: _____

Seite: _____

Seite: _____

Seite: _____

Seite: _____

Seite: _____

Seite: _____

Literatur-Kartei: *Rolltreppe abwärts*

AB 55 Kapitel 12

Rolltreppe abwärts II

Jochens Talfahrt ist eine unglückliche Verkettung aus: Missgeschicken, dummen Zufällen, schlechten Entscheidungen, falschen Reaktionen …

Wenn Jochen den Dackeldiebstahl verhindert oder rechtzeitig gemeldet hätte, hätte er nicht bei einigen Leuten verspielt, die wichtig für seine Zukunft sind. Seine eigene Schuld?
Wenn Jochen noch einen Tag länger im Heim ausgehalten hätte, hätte Maria ihm erzählen können, dass ihr Bruder seine Meinung wieder geändert hat und Jochen eine zweite Chance gibt. Pech?
Wenn Jochens Mutter sich stark genug gefühlt hätte, sich um ihren Sohn zu kümmern, wären eine ganze Menge anderer Dinge vielleicht nicht geschehen. Ihre Schuld?
Wenn Jochen nicht den Schlüssel verloren hätte, wäre alles ganz anders gekommen. Oder?

Geht noch einmal die einzelnen Situationen durch, die ihr auf der Rolltreppe eingetragen habt, und überlegt: Wann war Jochens Verhalten nicht gut für ihn und warum? Wann hat er einfach nur Pech gehabt? Wann haben Jochens Mitmenschen Entscheidungen getroffen, die nicht gut für ihn waren? Wann hättest du dich wahrscheinlich genauso verhalten wie Jochen? Was hättest du vielleicht anders gemacht und was wären die Folgen gewesen?

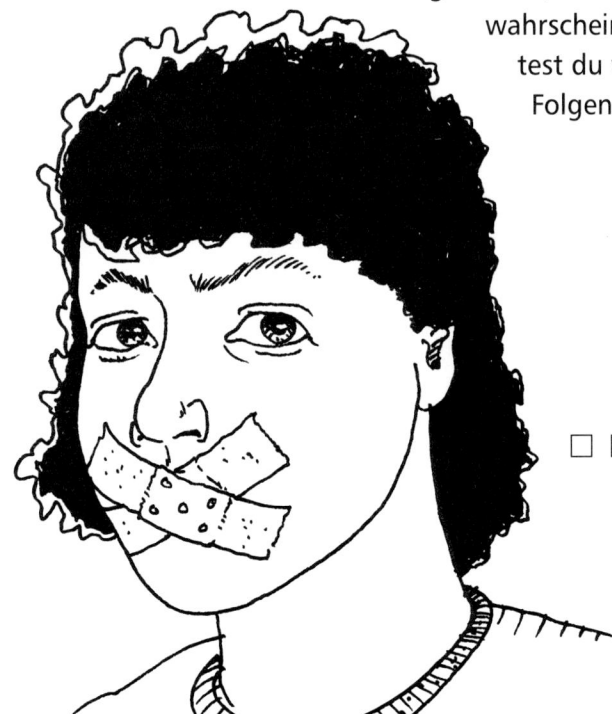

Schweigen

In dieser Geschichte scheitert vieles … am Schweigen! Jochen macht oft nicht den Mund auf, auch wenn es ihm vielleicht in vielen Fällen weitergeholfen hätte. Häufig nehmen sich die Menschen um Jochen auch nicht die Zeit, offen mit ihm zu reden. So entstehen Missverständnisse, Erklärungen und Bitten bleiben unausgesprochen, Gefühle werden nicht geäußert.

Ist dir schon einmal eine Situation durch Schweigen vermasselt worden? Erzähle davon.

AB 56 Kapitel 12

Ende offen

Der verlorene Schlüssel, falsche Freunde, Diebstahl und Körperverletzung, Erziehungsheim, Flucht in die Kriminalität, Haftrichter – das Ende von Jochens Talfahrt ist nicht abzusehen. Der Autor Hans-Georg Noack hat in seinem Buch offen gelassen, wie Jochens weiteres Leben verlaufen wird. Vielleicht kommt Jochen ins Gefängnis und muss eine Jugendstrafe absitzen. Vielleicht wird er aber auch von der Kriminalpolizei wieder freigelassen. Was kommt danach? Was für Möglichkeiten hat Jochen, um sein weiteres Leben (sinnvoll) zu gestalten? An wen kann er sich wenden? Wie wird seine Familie reagieren?

E F G Überlegt gemeinsam in der Gruppe und skizziert in Stichworten seine weiteren möglichen Lebenswege.

_____
_____
_____
_____
_____
_____
_____
_____
_____
_____
_____
_____
_____

Literatur-Kartei: Rolltreppe abwärts

Zur Geschichte von Jugendstrafe und Heimerziehung

Was bedeutet kriminell?

Das Wort kriminell kommt aus dem Französischen und bedeutet übersetzt soviel wie verbrecherisch, strafrechtlich. Vom rein wissenschaftlichen Standpunkt aus unterscheidet man drei Arten von Verbrechen:

1.

Mit dem **strafrechtlichen Verbrechensbegriff** bezeichnet man Handlungen, die durch ein Gesetz mit Strafe bedroht sind.

2.

Den **natürlichen Verbrechensbegriff** verwendet man für Handlungen, die zu allen Zeiten und in allen Kulturen als verwerflich betrachtet und entsprechend bestraft wurden.

3.

Der **soziologische Verbrechensbegriff** bezeichnet ganz allgemein sozialschädliches und -abweichendes Verhalten, also ein Verhalten, das der jeweiligen Gesellschaft oder Gemeinschaft, in der man lebt, schadet oder davon abweicht.

Der Begriff Jugendkriminalität stammt aus unserem Jahrhundert.

Im Mittelalter trat man von der Kindheit direkt ins Erwachsenenalter ein. Kinder wurden aber auch damals schon gegebenenfalls milder bestraft. Das Mittelalter war allerdings eine sehr rauhe, unbarmherzige Epoche; mildere Strafen entsprachen also nicht dem, was wir heute darunter verstehen würden.

Man begann erst zu Ende des vergangenen Jahrhunderts damit, die „Jugend" als eigene Lebensphase zu betrachten. Entsprechend setzte zu der gleichen Zeit eine Differenzierung in der Bestrafung von Verbrechen ein.

Im Strafgesetzbuch (StGB) von 1871 wird bereits die Trennung von jugendlichen und erwachsenen Gefangenen beim Vollzug von Freiheitsstrafen vorgeschrieben.

Im Jahr 1912 setzte dann die Jugendgerichtsbewegung die Einrichtung des ersten deutschen Jugendgefängnisses nach amerikanischem Vorbild durch. 1923 trat das Jugendgerichtsgesetz (JGG) in Kraft.

Die Gesetzbücher teilen verschiedene Lebensphasen ein:

Als Kinder werden nach § 19 StGB alle unter 14-Jährigen bezeichnet, sie sind auf Grund ihres Alters schuldunfähig. Nach § 1 II JGG versteht man unter Jugendlichen alle 14- bis 18-Jährigen und unter Heranwachsenden alle 18- bis 21-Jährigen.

Das Gesetz sieht die Strafe für einen Jugendlichen einerseits als Sühne für seine Schuld, strebt aber andererseits auch die Erziehung des Bestraften an. Der Schwere der begangenen Straftat entsprechend gibt es unterschiedliche Formen der Strafe.

1. Erziehungsmaßregeln

Es können Weisungen erteilt werden, d.h. Gebote und Verbote, die die Lebensführung des Jugendlichen regeln und dadurch seine Erziehung fördern und sichern sollen. Davon betroffen sind z.B. der Aufenthaltsort, die Arbeitsstelle etc.

Das Jugendamt kann dazu aufgefordert werden, die Erziehung des Jugendlichen mit zu überwachen und gegebenenfalls Hilfe anzubieten. Das bezeichnet man als Erziehungsbeistandschaft.

Eine sehr einschneidende Maßnahme ist die Einweisung in ein Heim. Eine solche Regelung fällt unter den Begriff Erziehungshilfe.

information

Zur Geschichte von Jugendstrafe und Heimerziehung

2. Zuchtmittel

Unter einer Verwarnung versteht man die förmliche Zurechtweisung eines jugendlichen Täters durch den Richter.

Manchmal erhält der Verurteilte Auflagen, wie z.B. einen Schadenersatz zu leisten, sich zu entschuldigen oder eine Zeitlang beispielsweise in einer sozialen Einrichtung zu arbeiten. Das härteste Zuchtmittel ist der Jugendarrest.

3. Jugendstrafe

Eine Jugendstrafe wird nur in sehr schweren Fällen verhängt. Danach muss der Täter dann tatsächlich eine Freiheitsstrafe in einer Jugendstrafanstalt absitzen.

Kinderheime

Wenn man den Begriff Kinderheim hört, denkt man auch heute oft noch an Waisenkinder, die in einer unfreundlichen, kargen Anstalt untergebracht sind.

Im Mittelalter ging es tatsächlich nur darum, elternlose Kinder in Hospitälern oder Armenhäusern am Leben zu erhalten, nicht darum, ihnen ein Zuhause zu schaffen.

Erst mit Beginn der Aufklärung, also im 17. und 18. Jahrhundert, kam man auf die Idee, dass es nicht ausreiche, Kinder mit Nahrung und Kleidung zu versorgen.

Man erkannte, dass es nötig war, sich um sie zu kümmern, sich mit ihnen zu beschäftigen und sie zu erziehen. Auf Grund dieser Überlegungen strebte man dann auch an, in Heimen eine familienähnliche Atmosphäre zu schaffen. Es sollte allerdings noch Jahrhunderte dauern, bis wirklich grundlegende Änderungen eintraten.

Eine Heimordnung von 1908 besagt noch, dass zwischen Erziehern und Kindern jede Art von Vertraulichkeit zu unterlassen ist.

Nach dem 2. Weltkrieg mussten sehr viele verwaiste Kinder und Jugendliche untergebracht werden. Es gab aber nur noch sehr wenig Heime, die meisten Gebäude waren während des Krieges zerstört worden. Die Erzieher hatten in der Regel keine entsprechende Ausbildung, es waren z.B. ehemalige Soldaten.

Hans-Georg Noack schildert in seinem Roman „Rolltreppe abwärts" die Figur des Erziehers Herr Hamel also sehr realistisch.

Erst im Zusammenhang mit der Studentenrevolution wurden Reformen eingeleitet. Das Motto lautete: „Holt die Kinder aus den Heimen!"

Anfang der 70er Jahre begann man damit, vor allen Dingen sehr kleine Kinder bevorzugt in Pflegefamilien zu geben. Sie kamen nur noch in Ausnahmefällen ins Heim. Waisenkinder trifft man heute nur noch selten in Heimen an. Dort leben überwiegend Kinder und Jugendliche, die für einen kürzeren oder längeren Zeitraum nicht bei ihrer Familie leben wollen, können oder dürfen.

Gesetz für Jugendwohlfahrt

§ 1
Recht des Kindes; Erziehungspflicht der Eltern

(1) Jedes deutsche Kind hat ein Recht auf Erziehung zur leiblichen, seelischen und gesellschaftlichen Tüchtigkeit.

(2) Das Recht und die Pflicht der Eltern zur Erziehung werden durch dieses Gesetz nicht berührt. Gegen den Willen des Erziehungsberechtigten ist ein Eingreifen nur zulässig, wenn ein Gesetz es erlaubt.

(3) Insoweit der Anspruch des Kindes auf Erziehung von der Familie nicht erfüllt wird, tritt, unbeschadet der Mitarbeit freiwilliger Tätigkeit, öffentliche Jugendhilfe ein.

§ 3
Aufgaben der öffentlichen Jugendhilfe, Grundrichtung der Erziehung

(1) Die öffentliche Jugendhilfe soll die in der Familie des Kindes begonnene Erziehung unterstützen und ergänzen. Die von den Personensorgeberechtigten bestimmte Grundrichtung der Erziehung ist bei allen Maßnahmen der öffentlichen Jugendhilfe zu beachten, sofern hierdurch das Wohl des Kindes nicht gefährdet wird. Ihr Recht, die religiöse Erziehung zu bestimmen, ist im Rahmen des Gesetzes über die religiöse Kindererziehung vom 15. Juli 1921 (Reichsgesetzbl. S. 939) stets zu beachten.

(2) Den Wünschen der Personensorgeberechtigten, die sich auf die Gestaltung der öffentlichen Jugendhilfe im Einzelfall richten, soll entsprochen werden, soweit sie angemessen sind und keine unvertretbaren Mehrkosten erfordern.

(3) Die Zusammenarbeit mit den Personensorgeberechtigten ist bei allen Maßnahmen der öffentlichen Jugendhilfe anzustreben.

§ 62
Voraussetzungen der Freiwilligen Erziehungshilfe

Einem Minderjährigen, der das 17. Lebensjahr noch nicht vollendet hat und dessen leibliche, geistige oder seelische Entwicklung gefährdet oder geschädigt ist, ist Freiwillige Erziehungshilfe zu gewähren, wenn diese Maßnahme zur Abwendung der Gefahr oder zur Beseitigung des Schadens geboten ist und die Personensorgeberechtigten bereit sind, die Durchführung der Freiwilligen Erziehungshilfe zu fördern.

§ 63
Gewährung der Freiwilligen Erziehungshilfe

Das Landesjugendamt gewährt Freiwillige Erziehungshilfe auf schriftlichen Antrag der Personensorgeberechtigten. Der Antrag ist beim Jugendamt zu stellen. Das Jugendamt nimmt zu dem Antrag Stellung.

information
Gesetz für Jugendwohlfahrt

§ 64
Voraussetzungen der Fürsorgeerziehung

Das Vormundschaftsgericht ordnet für einen Minderjährigen, der das 17. Lebensjahr noch nicht vollendet hat, Fürsorgeerziehung an, wenn sie erforderlich ist, weil der Minderjährige zu verwahrlosen droht oder verwahrlost ist. Fürsorgeerziehung darf nur angeordnet werden, wenn keine ausreichende andere Erziehungsmaßnahme gewährt werden kann.

§ 65
Anordnung der Fürsorgeerziehung

(1) Das Vormundschaftsgericht entscheidet von Amts wegen oder auf Antrag. Antragsberechtigt sind das Jugendamt, das Landesjugendamt und jeder Personensorgeberechtigte. Der Kreis der Antragsberechtigten kann durch Landesrecht erweitert werden.

(2) Vor der Entscheidung sind die Antragsberechtigten und der Minderjährige zu hören. Das Vormundschaftsgericht soll die Personensorgeberechtigten und den Minderjährigen mündlich anhören, soweit dies ohne erhebliche Schwierigkeiten geschehen kann. Der Kreis der Anzuhörenden kann durch Landesrecht erweitert werden.

(3) Der Beschluss ist mit Gründen zu versehen. Er ist den Antragsberechtigten und, wenn Fürsorgeerziehung angeordnet wird, dem Minderjährigen, wenn er das 14. Lebensjahr vollendet hat, zuzustellen. § 57 Abs. 4 Satz 2 ist anzuwenden.

(4) Gegen den Beschluss steht den Absatz 3 Satz 2 Genannten die sofortige Beschwerde mit aufschiebender Wirkung zu.

(5) § 57 Abs. 5 ist anzuwenden.

Jochens Mutter muss nach einer Vorladung aufs Jugendamt. Die Fürsorgerin dort legt ihr nahe, Freiwillige Erziehungshilfe zu beantragen und damit der Anordnung von Fürsorgeerziehung durch das Jugendamt zuvorzukommen. Hier findest du einige Paragraphen aus dem Jugendwohlfahrtsgesetz. Glaubst du, dass Jochens Rechte, entsprechend dem Gesetz, im Laufe der Handlung immer gewahrt sind? Und was ist jetzt eigentlich der Unterschied zwischen Freiwilliger Erziehungshilfe (FEH) und Fürsorgeerziehung? Kannst du ihn anhand der Gesetzestexte erklären?

Literatur-Kartei: Rolltreppe abwärts

Sozialgesetzbuch (SGB)

Achtes Buch (VIII)
– Kinder- und Jugendhilfe –

§ 1
Recht auf Erziehung, Elternverantwortung, Jugendhilfe

(1) Jeder junge Mensch hat ein Recht auf Förderung seiner Entwicklung und auf Erziehung zu einer eigenverantwortlichen und gemeinschaftsfähigen Persönlichkeit.

(2) Pflege und Erziehung der Kinder sind das natürliche Recht der Eltern und die zuvörderst ihnen obliegende Pflicht. Über ihre Betätigung wacht die staatliche Gemeinschaft.

(3) Jugendhilfe soll zur Verwirklichung des Rechts nach Absatz 1 insbesondere

1. junge Menschen in ihrer individuellen und sozialen Entwicklung fördern und dazu beitragen, Benachteiligungen zu vermeiden oder abzubauen,
2. Eltern und andere Erziehungsberechtigte bei der Erziehung beraten und unterstützen,
3. Kinder und Jugendliche vor Gefahren für ihr Wohl schützen,
4. dazu beitragen, positive Lebensbedingungen für junge Menschen und ihre Familien sowie eine kinder- und familienfreundliche Umwelt zu erhalten oder zu schaffen.

§ 9
Grundrichtung der Erziehung, Gleichberechtigung von Mädchen und Jungen

Bei der Ausgestaltung der Leistungen und der Erfüllung der Aufgaben sind
1. die von den Personensorgeberechtigten bestimmte Grundrichtung der Erziehung sowie die Rechte der Personensorgeberechtigten und des Kindes oder des Jugendlichen bei der Bestimmung der religiösen Erziehung zu beachten,
2. die wachsende Fähigkeit und das wachsende Bedürfnis des Kindes oder des Jugendlichen zu selbstständigem, verantwortungsbewusstem Handeln sowie die jeweiligen besonderen sozialen und kulturellen Bedürfnisse und Eigenarten junger Menschen und ihrer Familien zu berücksichtigen,
3. die unterschiedlichen Lebenslagen von Mädchen und Jungen zu berücksichtigen, Benachteiligungen abzubauen und die Gleichberechtigung von Mädchen und Jungen zu fördern.

§ 27
Hilfe zur Erziehung

(1) Ein Personensorgeberechtigter hat bei der Erziehung eines Kindes oder eines Jugendlichen Anspruch auf Hilfe (Hilfe zur Erziehung), wenn eine dem Wohl des Kindes oder des Jugendlichen entsprechende Erziehung nicht gewährleistet ist und die Hilfe für seine Entwicklung geeignet und notwendig ist.

(2) Hilfe zur Erziehung wird insbesondere nach Maßgabe der §§ 28 bis 35 gewährt. Art und Umfang der Hilfe richten sich nach dem erzieherischen Bedarf im Einzelfall; dabei soll das engere soziale Umfeld des Kindes oder des Jugendlichen einbezogen werden.

(3) Hilfe zur Erziehung umfasst insbesondere die Gewährleistung pädagogischer und damit verbundener therapeutischer Leistungen. Sie soll bei Bedarf Ausbildungs- und Beschäftigungsmaßnahmen im Sinne von § 13 Abs. 2 einschließen.

information

Sozialgesetzbuch (SGB)

§ 34
Heimerziehung, sonstige betreute Wohnform

Hilfe zur Erziehung in einer Einrichtung über Tag und Nacht (Heimerziehung) oder in einer sonstigen betreuten Wohnform soll Kinder und Jugendliche durch eine Verbindung von Alltagserleben mit pädagogischen und therapeutischen Angeboten in ihrer Entwicklung fördern. Sie soll entsprechend dem Alter und Entwicklungsbeistand des Kindes oder des Jugendlichen sowie den Möglichkeiten der Verbesserung der Erziehungsbedingungen in der Herkunftsfamilie
1. eine Rückkehr des Kindes oder des Jugendlichen in die Familie zu erreichen versuchen oder
2. die Erziehung in einer anderen Familie vorbereiten oder
3. eine auf längere Zeit angelegte Lebensform bieten und auf ein selbstständiges Leben vorbereiten.

Jugendliche sollen in Fragen der Ausbildung und Beschäftigung sowie der allgemeinen Lebensführung beraten und unterstützt werden.

■ 1990 wurde das veraltete Jugendwohlfahrtsgesetz (JWG) abgeschafft und durch das Kinder- und Jugendhilfegesetz (KJHG) ersetzt. Hier findest du ein paar Artikel aus dem KJHG. Welche Unterschiede kannst du im Vergleich mit dem JWG erkennen? Du kannst sie in der Tabelle unten eintragen, die du natürlich auch durch eigene Punkte ergänzen kannst.

■ Diskutiert darüber, welche Vorteile die Änderungen für Kinder und Jugendliche haben.

Stichworte	Jugendwohlfahrtsgesetz (JWG)	Kinder- und Jugendhilfegesetz (KJHG)
Rechte des Kindes		
Rechte der Eltern		
Pflichten der Eltern		
Erziehungsziele		
Religion		
Gleichberechtigung		
Aufgaben der Jugendhilfe		
Hilfe bei der Erziehung		

Literatur-Kartei: *Rolltreppe abwärts*

Heimordnung von 1985

Gruppennormen

1. Die Mädchen dürfen nicht aus der Gruppe gehen, wenn sie sich nicht vorher abgemeldet haben.
2. Die Mädchen dürfen innerhalb der Gruppe nicht in ein fremdes Zimmer gehen.
3. Unterhaltungen im Gang der Gruppe sind nicht gestattet. Wer mit jemandem sprechen möchte, muss in die Diele, in das Wohnzimmer oder in die Küche gehen.
4. Kleidung darf nicht ohne zu fragen ausgeliehen oder verschenkt werden.
…
8. Krimis, Arztromane oder Liebesromane dürfen nicht gelesen werden. Erlaubt sind „Bergromane".
10. Alle Briefe an die Mädchen werden aufgemacht und gelesen. Außer Briefe von den Jugendämtern.

Tagesablauf in der Gruppe

1. Wecken
Täglich, außer Samstag oder Sonntag, werden die Mädchen um 6.45 Uhr geweckt. Die Erzieherin muss beim Wecken bereits angezogen sein. Um 6.45 Uhr wird zuerst das Licht eingeschaltet. Dann werden die drei Türen (…) aufgesperrt. Anschließend werden die Mädchen geweckt („Guten Morgen", Licht am Waschbecken einschalten).

2. Frühstück
Nach dem Wecken geht der „Küchendienst" in die Küche und bereitet das Frühstück. Um 7.20 Uhr wird gebimmelt und die Mädchen erscheinen zum Frühstück. Gemeinsam wird das Morgengebet gesprochen. Dabei macht die Erzieherin das Kreuzzeichen und sagt am Ende des Gebetes „Gelobt sei Jesus Christus". Alle antworten dann „in Ewigkeit. Amen".
Wer mit dem Frühstück fertig ist, trägt das von ihm benutzte Geschirr weg und kann gehen.

3. Pause
Von 10.15–10.35 Uhr ist für Schülerinnen Pause. Lehrlinge beenden ihre Pause bereits um 10.30 Uhr. In der Pause werden keine Brote gestrichen.

4. Mittag
Um 12.00 Uhr holt die Erzieherin die Post von der „Erziehungsleitung". Um 12.10 Uhr kommen die Mädchen von der Arbeit. Nach dem gemeinsamen Gebet wird gegessen. Nach dem Essen wird gebetet, und der „Küchendienst" spült dann das Geschirr. Wer raucht, geht auf den Balkon (im Sommer) oder in den Bastelkeller (im Winter). Um 13.25 Uhr wird gebimmelt und die Mädchen gehen zur Arbeit oder in die Schule.

6. Abends
Um 16.45 Uhr kommen die Mädchen in die Gruppe zurück. Der „Küchendienst" und die Erzieherin richten das Abendessen her. Reste vom Mittagessen werden aufgewärmt. Vor und nach dem Abendessen wird gebetet. Das Nachtgebet ist hier eingeschlossen. Nach dem Abendessen dürfen die Mädchen rauchen.

Freizeitgestaltung am Abend
Z.B. Leistungsturnen, Gruppenturnen, Schwimmen, Basteln usw. Ab 21.00 Uhr sollte in der Gruppe Ruhe einkehren. Die „Visite" folgt.
Am Abend werden folgende Türen abgesperrt: Glastüre nach draußen, Glastüre zum Gang, Haustüre, Wohnzimmer und Gang. In allen Räumen wird abends das Licht ausgeschaltet. Um 21.55 Uhr erfolgt eine Warnung und um 22.00 Uhr wird das Licht in den Zimmern der Mädchen ausgeschaltet.

information

Heimordnung von 1985

Gruppenprinzipien

Keine Anrufe außerhalb des Hauses ohne Einverständnis der Gruppenleiterin erlauben.
Bei Anrufen innerhalb des Hauses muss die Gruppenleiterin gefragt werden. Die Mädchen dürfen keine Briefe ins Haus bringen oder aufgeben.

Abendprogramm

Montagabend:

Nach dem Ämterdienst wird gebimmelt, die Lernstunde beginnt. (…) Um 20.00 Uhr endet die Lernstunde. Vom Dreibettzimmer kommt jeweils ein Mädchen ins Wohnzimmer und in die Küche. Während der Lernstunde wird nicht gesprochen, nur das Notwendigste gefragt. Briefe schreiben ist nicht erlaubt.

Dienstagabend:

Zimmerputz. Am Morgen soll das Bett gelüftet und herausgenommen werden.

Mittwochabend:

17.00 Uhr bis 18.00 Uhr Gruppenschwimmen. Anschließend Abendessen und Erledigung der Ämter. (Die Wohnung wird nass geputzt.) Danach ist Lernstunde. Um 20.00 Uhr werden die Nachrichten angeschaut. Bis 21.00 Uhr bleibt Zeit zur freien Verfügung.

Donnerstagabend:

Um 17.00 Uhr Abendessen. Um 17.30 Uhr Gruppenturnen. Danach werden die Ämter erledigt, wird gespült und geraucht. Je nach Bedarf wird eine Gruppenstunde angesetzt. Hier werden in der Regel nur Dinge besprochen, die *alle* betreffen.
Um 18.30 Uhr Gitarrenstunde.

Freitagabend:

Zimmer- oder Wohnungsputz. Schlager der Woche werden angehört. Für Sonntag werden zwei Kuchen gebacken.

Samstag:

… wenn Frühstück gewünscht wird, muss es am Abend vorher vorbereitet werden.
Ab 10.00 Uhr darf gebadet oder geduscht werden. Um 11.00 Uhr wecken. Mittagessen beginnt zwischen 11.30 und 12.00 Uhr. Nach dem Rauchen und Spülen wird Musik gehört. Unabhängig vom Fernsehprogramm werden die Radios spätestens um 15.00 Uhr wieder abgegeben. Das Abendessen ist an keine bestimmte Zeit gebunden. Vorher werden die Ämter erledigt.

Sonntag:

Um 8.30 Uhr wird geweckt.
Das Frühstück bereitet die Erzieherin vor. Um 9.00 Uhr wird gefrühstückt. Wer fertig ist, steht auf. Um 9.45 ist Gottesdienst. Zur Messe dürfen keine Jeans getragen werden. Anschließend gibt es Mittagessen. Nach dem Rauchen und Spülen schauen sich alle den „Wochenspiegel" an. Nach den gleichen Regelungen wie am Samstag darf Musik gehört werden. Auch das Abendprogramm ist wie am Samstag …
Musik hören ist nur zu den festgelegten Zeiten erlaubt. Es gibt keine Ausnahmen.
Die erlaubten Fernsehsendungen werden von der Erziehungsleitung festgelegt.
Es gibt keine Entscheidungen über das Fernsehprogramm.

- Diese Heimordnung ist schon (oder doch: erst?) über 20 Jahre alt. Vergleiche sie mit dem Tagesablauf in Jochens Heim.

- Vielleicht könntest du eine neuere Heimordnung zum Vergleich heranziehen. Eventuell kann man dir beim örtlichen Jugendamt weiterhelfen.

- Welche der Vorschriften kannst du verstehen und akzeptieren, welche kommen dir wie „Schikane" vor?

Literatur-Kartei: **Rolltreppe abwärts**

Jugend-Gerichte

Wenn ein Jugendlicher in den Vereinigten Staaten eine Straftat begeht, kann er sich manchmal aussuchen, ob er sich vor einem normalen Gericht oder einem Gericht, das sich aus Gleichaltrigen zusammensetzt, verantworten möchte.

Ob die Möglichkeit der Wahl besteht, hängt von der Art der Straftat ab und davon, ob in dem jeweiligen Bezirk schon ein „Teen Court" (= Jugend-Gericht) eingerichtet ist. In einem „Teen Court" sind Richter, Verteidiger, Staatsanwalt und Geschworene zwischen 14 und 20 Jahren alt. Nur ein erwachsener Richter beaufsichtigt den richtigen Ablauf der Verhandlung.

Am häufigsten verurteilen diese Jugend-Gerichte die jugendlichen Straftäter zur Ableistung sozialer Dienste, oft müssen sie auch Schadensersatz leisten und sich entschuldigen.

Die Rückfallquote ist bei Jugendlichen, die sich vor einem „Teen Court" verantworten mussten, niedriger als bei denen, die in einem „normalen" Prozess verurteilt wurden.

Diese Art von Jugend-Gerichten gibt es in Deutschland nicht, aber ihr könnt eine solche „Teen-Court"-Verhandlung gut in einem Rollenspiel nachempfinden.
Stellt euch vor, Jochen muss sich nach seinen letzten Dummheiten wegen Diebstahl, Einbruch und Sachbeschädigung vor Gericht verantworten. Verteilt die Rollen von Richter, Angeklagtem, Verteidiger, Staatsanwalt und Zeugen (Verwandte, Freunde, die Heimerzieher).
Eine Jury, die sich aus Geschworenen zusammensetzt, wie in Amerika üblich, gibt es in Deutschland nicht. Dafür nehmen Schöffen, das sind ehrenamtliche Laien-Richter, an der Verhandlung teil.

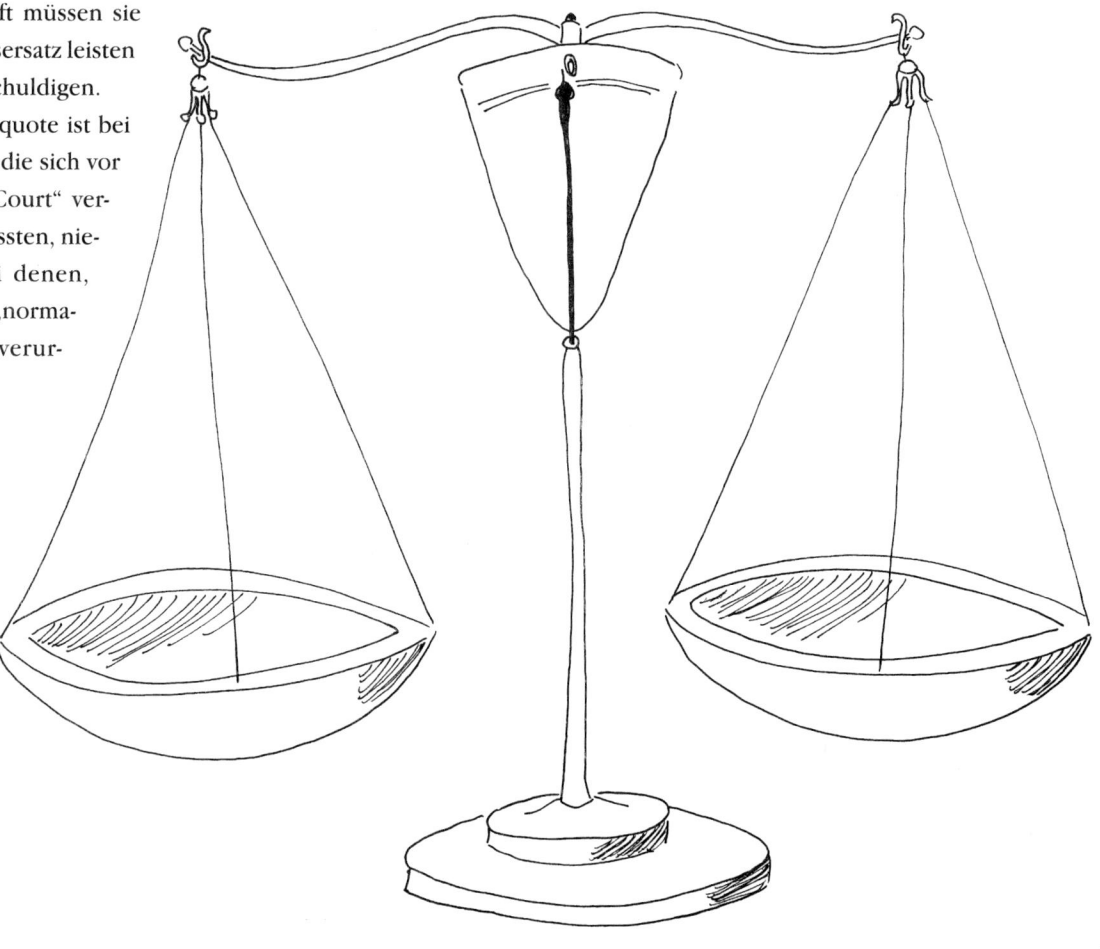

Noch ein Aufstand ...

Der Raum, in dem die Knaben ihr Essen bekamen, war eine Art Küche und der Koch, von ein paar Frauenzimmern unterstützt, teilte ihnen aus einem Kupferkessel ihre drei Portionen Hafer zu – einen Napf voll und nicht mehr, ausgenommen, wie gesagt, die Sonn- und Feiertage, wo ein nicht allzu großes Stück Brot dazukam. [...]

Drei Monate lang hatten Oliver und seine Kameraden die Qualen langsamen Hungertodes durchgemacht und waren kaum mehr im Stande, diesen Zustand länger zu ertragen. Ein für sein Alter sehr großer Junge, dessen Vater Koch gewesen war, gab eines Tages seinen Gefährten zu verstehen, wenn er nicht bald eine Schüssel Haferschleim pro Tag mehr bekomme, so würde er sich nicht helfen können und müsse höchst wahrscheinlich eines Nachts seinen Schlafnachbar auffressen. Dieser Vielfraß hatte ein wildes hungriges Auge und seine Reden riefen große Angst unter seinen Kameraden hervor.

So beratschlagten sie untereinander und es wurde gelost, wer von ihnen nach dem Abendessen zum Speisemeister gehen und um noch einen Napf bitten solle. Das Los fiel auf Oliver.

Der Abend kam und die Jungen nahmen ihre Plätze ein. Der Speisemeister stellte sich in seiner weißen Kochschürze an den Kessel, der Haferbrei wurde ausgeteilt und ein langes Tischgebet gesprochen. Als die Mahlzeit vorüber war, flüsterten die Jungen untereinander, gaben Oliver Winke, und die ihm Zunächstsitzenden stießen ihn mit den Ellbogen an. Der Hunger machte ihn alle Rücksichten vergessen. Er stand auf, trat mit Napf und Löffel vor den Koch hin und sagte mit bebender Stimme:

„Ich bitte um Verzeihung, Sir, ich möchte noch um ein wenig bitten."

Der Koch, ein feister rotbackiger Mann, wurde blass wie der Kalk an der Wand. In maßlosem Staunen starrte er einige Sekunden den kleinen Rebellen an und musste sich am Kessel festhalten, um nicht umzufallen. Die beiden Frauenzimmer waren geradezu gelähmt vor Entsetzen und auch die Jungen konnten vor Furcht kein Wort hervorbringen.

„Was?", fragte der Koch endlich mit schwacher Stimme.

„Ich bitte, Herr", wiederholte Oliver, „ich möchte noch etwas haben."

Der Koch gab ihm eines mit dem Löffel über den Kopf, fasste ihn dann am Arm und schrie laut nach dem Kirchspieldiener.

Die Herren Vorstände saßen gerade zusammen bei einer Beratung, als Mr. Bumble in höchster Erregung ins Zimmer stürzte und dem Herren auf dem hohen Stuhl meldete:

„Mr. Limbkins, ich bitte um Verzeihung, Sir, Oliver Twist hat mehr zu essen verlangt."

Alles fuhr auf. Entsetzen malte sich auf allen Gesichtern.

„Mehr?", rief Mr. Limbkins. „Kommen Sie zu sich, Bumble! Antworten Sie mir klar und deutlich. Verstehe ich recht? Er hat mehr gefordert als die ihm von der Vorstandschaft festgesetzte Ration?"

„Jawohl, Sir."

„Der Bursche kommt noch an den Galgen", ächzte der Gentleman mit der weißen Weste. „Denken Sie an mich, der Bursche kommt noch an den Galgen."

Handelt es sich bei dieser Szene aus Charles Dickens' „Oliver Twist" auch um einem „Boxeraufstand"? Was haben Oliver Twist und Jochen Jäger gemeinsam, worin unterscheiden sie sich?

Kinder auf der Straße

Direkt nach seiner Geburt landet der kleine Manuel im Kinderheim. Seine Mutter ist Alkoholikerin und hat das Sorgerecht für ihre Kinder entzogen bekommen.

Als Manuel zwei Jahre alt ist, adoptiert ihn seine Oma und nimmt ihn zu sich. Manuel ist begeistert über sein neues Zuhause und verlebt eine schöne Zeit.

Als seine Oma stirbt, kommt der mittlerweile 15-jährige Junge wieder in ein Heim. Weil er schüchtern ist und sich nicht wehren kann, wird er bald zum Prügelknaben. Aus Angst vor seinen Kameraden schwänzt er die Schule und bekommt Krach mit seinen Erziehern. Manuel reißt aus, fährt in die nächste Großstadt und lernt dort einen gleichaltrigen obdachlosen Jungen kennen. Gemeinsam ziehen sie durch die Stadt, schlafen am Flussufer, in Heizungskellern oder am Bahnhof und stehlen ihre Nahrung aus Lebensmittelgeschäften.

Manuel ist das harte Leben auf der Straße lieber als die bedrückende Atmosphäre im Heim. Er will bleiben, solange er nicht erwischt wird und solange er durchhält.

Manuel ist eins von schätzungsweise 3000 Berliner „Trebekindern", Kindern, die kein festes Zuhause haben und auf der Straße leben. Manche sind aus zerrütteten Familien oder Erziehungsheimen geflüchtet, andere treibt Protest, Angst vor Strafe und Misshandlung oder Abenteuerlust auf die Straße.

Die Zahl der Kinder schwankt ständig. Manche bleiben nur kurz, andere jahrelang in der Stadt.

Trebekinder verbringen die Tage auf Straßen, Plätzen und Behörden und die Nächte in Abbruchhäusern, Parks oder Nachtkneipen. Die meisten wissen morgens nicht, wo sie abends schlafen werden. Sie laufen vom Jugendamt zum Sozialamt, versuchen, an etwas Geld oder ein Bett zu kommen.

Dann gibt es noch den anderen Weg, den Lebensunterhalt zu sichern: Taschen- oder Ladendiebstähle, Autos knacken oder auf den Strich gehen zum Beispiel.

Wenn die Kinder aufgegriffen werden, verordnet der Richter – je nach Alter, Lebenslauf und Delikt – Gefängnis oder Heim, vielleicht auch Therapie, soziale Arbeit oder Schulbesuch. Obwohl Straßenkinder in Deutschland eigentlich verboten sind, schlüpfen doch viele der Kinder immer wieder durch die Maschen der Behörden. Einige von ihnen sind vielleicht noch nicht einmal als vermisst gemeldet, weil ihre Eltern froh sind, sie los zu sein.

Trebekinder können oft nicht lesen und schreiben, geraten in Kontakt mit Drogen und werden auf Grund mangelhafter Lebensbedingungen schwach und krank.

Das Leben auf der Straße ist ein täglicher Kampf ums Überleben, ein umfangreicher Stundenplan, der kaum Zeit lässt für Gedanken über Zukunft und Perspektiven.

Zeitdruck. Straßenkinder und Obdachlose machen Zeitung. Mit freundlicher Genehmigung des Herausgebers: Karuna – Freizeit ohne Drogen e.V.

Lösungen

Seite 35:
Jede Menge Fragen

Lösungswort: Fürsorgeerziehung

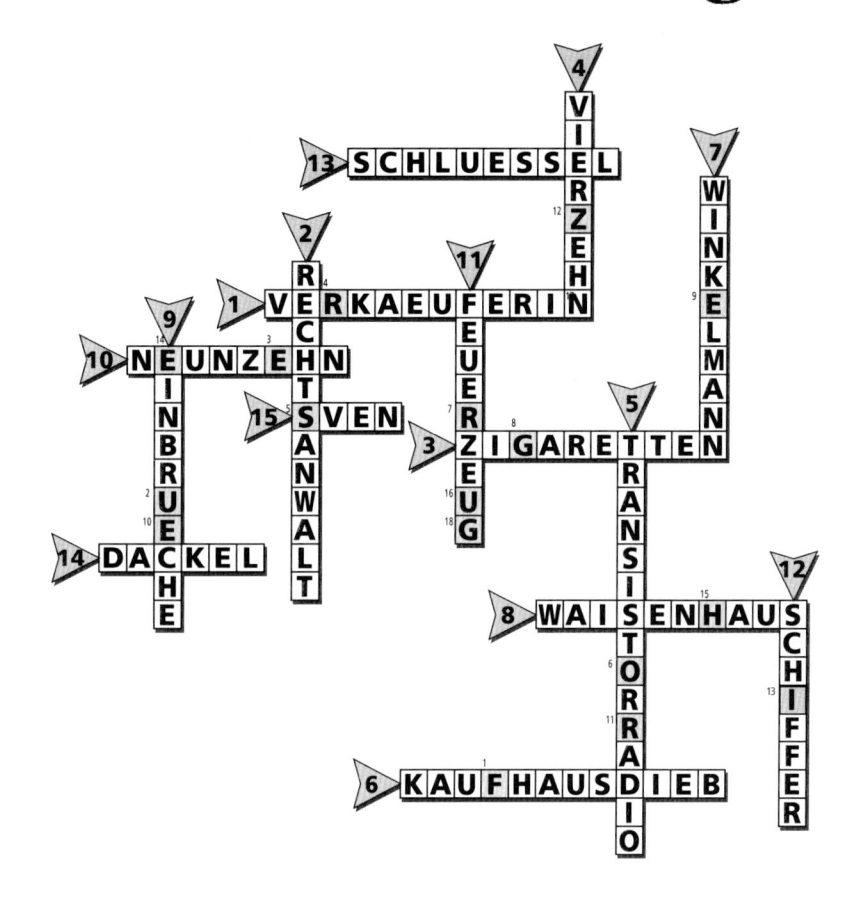

Seite 48:
Ein Silbenrätsel

1. HEIMERZIEHER
2. STEPPENKOPP
3. ZUCKERKUCHEN
4. GRUPPENKEILE
5. ZÄRTLICHKEIT
6. ABSONDERUNG
7. BOXERAUFSTAND
8. KOSENAMEN
9. ANZUG
10. LEHRLING
11. SCHRAMME

Seite 61:
Noch ein Rätsel

Lösungswort: Rolltreppe abwärts

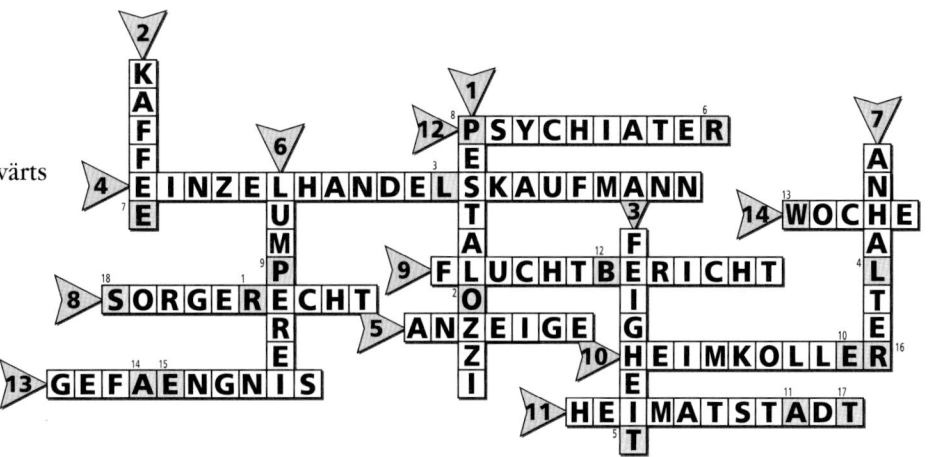

Literatur-Kartei: Rolltreppe abwärts

Literatur

Charles Dickens:
Oliver Twist. Manuscriptum: Recklinghausen 1995

Richard Günder:
Praxis und Methoden der Heimerziehung. Eigenverlag des Deutschen Vereins für öffentliche und private Fürsorge: Frankfurt am Main 1995

Erwin Jordan, Gitta Trauernicht:
Ausreißer und Trebegänger. Juventa Verlag: München 1981

Jugendwohlfahrtsgesetz (JWG)
Kommentar mit Länderausführungsbestimmungen von Fritz Hill. Heggen-Verlag: Opladen 1975

Kinder- und Jugendhilfegesetz (KJHG)
Herausgegeben von der SKM-Zentrale. Düsseldorf 1993

Polizeiliche Kriminalstatistik der BRD
Berichtsjahr 1995. Bundeskriminalamt: Wiesbaden 1996

Friedrich Schaffstein:
Jugendstrafrecht. Eine systematische Darstellung. Kohlhammer: Stuttgart, Berlin, Köln 1993, 11. aktual. Auflage

Wolfdietrich Schnurre:
Ein Fall für Herrn Schmidt. Reclam: Stuttgart 1962, 1994

Rainer Scholz:
Jugendschutz. Beck'sche Gesetzestexte mit Erläuterungen. Verlag C.H. Beck: München 1985

Wolfgang Schütz:
Strafrecht. R. v. Decker's Verlag: Heidelberg 1984, 2. erw. Auflage

Karl Ludwig Täschner:
Drogen, Rausch und Sucht. Georg Thieme Verlag: Stuttgart 1994

Christian von Wolffersdorff, Vera Sprau-Kuhlen (in Zusammenarbeit mit Joachim Kersten):
Geschlossene Unterbringung in Heimen. Kapitulation der Jugendhilfe? Verlag Deutsches Jugendinstitut: München 1990

VERLAG *an der Ruhr*

– Keiner darf zurückbleiben –

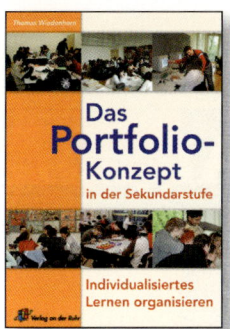

Das Portfolio-Konzept in der Sekundarstufe
Individualisiertes Lernen organisieren
Kl. 5–13, 98 S., A4, Pb., zweifarbig
ISBN 3-8346-0152-7
Best.-Nr. 60152
19,50 € (D)/20,– € (A)/34,20 CHF

Unterrichtseinheiten erfolgreich abschließen
100 ergebnisorientierte Methoden für die Sekundarstufe
Kl. 5–13, 137 S., 16 x 23 cm, Pb.
ISBN 3-8346-0153-5
Best.-Nr. 60153
12,80 € (D)/13,15 € (A)/22,40 CHF

Produktive Unterrichtseinstiege
100 motivierende Methoden für die Sekundarstufen
Kl. 5–13, 134 S., 16 x 23 cm, Pb.
ISBN 3-8346-0022-9
Best.-Nr. 60022
12,80 € (D)/13,15 € (A)/22,40 CHF

KlassenlehrerIn sein
Das Handbuch. Strategien, Tipps, Praxishilfen
Für alle Schulstufen, 174 S., 16 x 23 cm, Pb., zweifarbig
ISBN 3-8346-0154-3
Best.-Nr. 60154
15,– € (D)/15,45 € (A)/26,30 CHF

Evaluation von Unterricht und Schule
Strategien und Praxistipps
Für alle Schulstufen, 164 S., 16 x 23 cm, Pb.
ISBN 3-8346-0150-0
Best.-Nr. 60150
15,50 € (D)/16,10 € (A)/27,20 CHF

Wie Eltern Schule mitgestalten können
Ein Handbuch für Lehrer und Eltern
Für alle Schulstufen, 139 S., 16 x 23 cm, Pb.
ISBN 3-8346-0082-2
Best.-Nr. 60082
12,80 € (D)/13,15 € (A)/22,40 CHF

Gegen Chaos und Disziplinschwierigkeiten:
Eigenverantwortung in der Klasse fördern – 30 Tipps und Strategien
Für alle Schulstufen, 180 S., A5, Pb.
ISBN 3-86072-916-0
Best.-Nr. 2916
13,50 € (D)/13,90 € (A)/23,60 CHF

Organisationshilfen für den Schulalltag
Checklisten, Tabellen und Briefvorlagen auf Papier und CD
Für alle Schulstufen, 79 S., A4, Pb. mit CD
ISBN 3-86072-915-2
Best.-Nr. 2915
19,50 € (D)/20,– € (A)/34,20 CHF

Schüler auf Vergleichstests vorbereiten
Zentrale Prüfungen bestehen – Ergebnisse effektiv nutzen
Kl. 5–13, 166 S., 16 x 23 cm, Pb.
ISBN 3-8346-0151-9
Best.-Nr. 60151
15,80 € (D)/16,25 € (A)/27,70 CHF

Man muss kein Held sein – aber …!
Verhaltenstipps für Lehrer in Konfliktsituationen und bei Mobbing
Für alle Schulstufen, 198 S., 16 x 23 cm, Pb.
ISBN 3-8346-0064-4
Best.-Nr. 60064
15,80 € (D)/16,25 € (A)/27,70 CHF

Das Trainingsraum-Programm
Unterrichtsstörungen pädagogisch auflösen
Kl. 5–10, 151 S., 16 x 23 cm, Pb., zweifarbig
ISBN 3-8346-0149-7
Best.-Nr. 60149
14,50 € (D)/14,90 € (A)/25,40 CHF

Juggern statt Prügeln
Der Trendsport für Aggressionsabbau und soziales Lernen
ab 14 J., 114 S., 16 x 23 cm, Pb., vierfarbig
ISBN 3-8346-0178-0
Best.-Nr. 60178
17,– € (D)/17,50 € (A)/29,80 CHF

Informationen und Beispielseiten unter www.verlagruhr.de
Verlag an der Ruhr • Postfach 10 22 51
45422 Mülheim an der Ruhr

Bitte richten Sie Ihre Bestellung an:
Verlag an der Ruhr • Tel.: 0208 – 49 50 40
Fax: 0208 – 495 0 495 • bestellung@verlagruhr.de

Ausführliche Infos und Beispielseiten unter www.verlagruhr.de ▶▶

Vom Außenseiter zum Superstar
Roman + Arbeitsvorlagen zum Mitmachen
Kl. 7–9, 40 S., A4, Heft,
+ Mitmachroman, 72 S., 10 x 15 cm
ISBN 3-8346-0173-X
Best.-Nr. 60173
18,50 € (D) / 19,– € (A) / 32,40 CHF

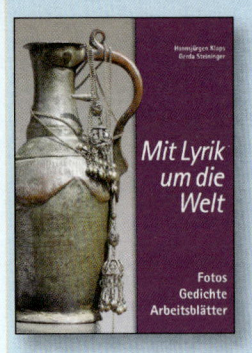

Mit Lyrik um die Welt
Fotos, Gedichte und Arbeitsblätter
Kl. 7–10, 85 S., A4, Papph.
(mit vierf. Abb.)
ISBN 3-8346-0171-3
Best.-Nr. 60171
21,– € (D) / 21,60 € (A) / 36,80 CHF

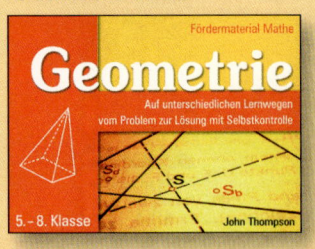

Geometrie (5.–8. Klasse)
Auf unterschiedlichen Lernwegen vom Problem zur Lösung mit Selbstkontrolle
Kl. 5–8, 79 S., A4, Papph.
ISBN 3-8346-0166-7
Best.-Nr. 60166
19,50 € (D) / 20,– € (A) / 34,20 CHF

Algebra (5.–8. Klasse)
Auf unterschiedlichen Lernwegen vom Problem zur Lösung mit Selbstkontrolle
Kl. 5–8, 79 S., A4, Papph.
ISBN 3-8346-0165-9
Best.-Nr. 60165
19,50 € (D) / 20,– € (A) / 34,20 CHF

Textverständnis trainieren
Politische Nachrichten
Kl. 8–10, 64 S., A4, Papph.
ISBN 3-8346-0162-4
Best.-Nr. 60162
18,50 € (D) / 19,– € (A) / 32,40 CHF

Wer ist Heine?
Arbeitsblätter zu Leben, Werk und Zeitgeschichte
Kl. 7–10, 84 S., A4, Papph.
ISBN 3-8346-0167-5
Best.-Nr. 60167
20,50 € (D) / 21,10 € (A) / 35,90 CHF

Filzen im Unterricht
Praktisches und Dekoratives aus Filz
Kl. 5–13, 73 S., A4, Papph.
ISBN 3-86072-779-6
Best.-Nr. 2779
19,– € (D) / 19,50 € (A) / 33,30 CHF

Stricken im Unterricht
Kultiges, Dekoratives und Praktisches
Kl. 5–13, 85 S., A4, Papph. (mit vierf. Abb.)
ISBN 3-86072-988-8
Best.-Nr. 2988
18,60 € (D) / 19,15 € (A) / 32,60 CHF

Mehr unter www.verlagruhr.de

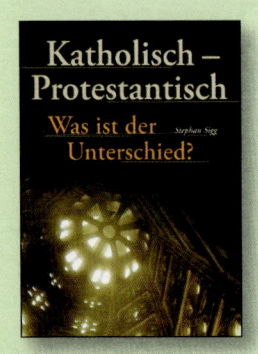

Katholisch – Protestantisch
Was ist der Unterschied?
Kl. 5–7, 69 S., A4, Papph.
ISBN 3-8346-0138-1
Best.-Nr. 60138
18,60 € (D) / 19,15 € (A) / 32,60 CHF

Das Neue Testament
Sinnfragen, Einstellungen und Standpunkte
Kl. 5–8, 75 S., A4, Papph.
ISBN 3-8346-0176-4
Best.-Nr. 60176
19,– € (D) / 19,50 € (A) / 33,30 CHF

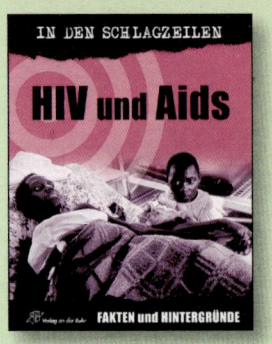

In den Schlagzeilen
HIV und Aids
Fakten und Hintergründe
12–17 J., 32 S., 21 x 26 cm,
Hardcover, vierfarbig
ISBN 3-8346-0072-5
Best.-Nr. 60072
12,50 € (D) / 12,85 € (A) / 21,90 CHF

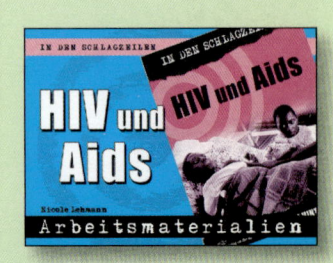

In den Schlagzeilen
HIV und Aids
Arbeitsmaterialien
Kl. 7–11, 65 S., A4, Papph.
ISBN 3-8346-0071-7
Best.-Nr. 60071
18,– € (D) / 18,50 € (A) / 31,50 CHF

Informationen und Beispielseiten unter www.verlagruhr.de
Verlag an der Ruhr • Postfach 10 22 51
45422 Mülheim an der Ruhr

Bitte richten Sie Ihre Bestellung an:
Verlag an der Ruhr • Tel.: 0208 – 49 50 40
Fax: 0208 – 495 0 495 • bestellung@verlagruhr.de